어른의 일기장

노이레 지음

힘든 날을 이겨내고
평범한 하루를 특별하게 만드는 힘

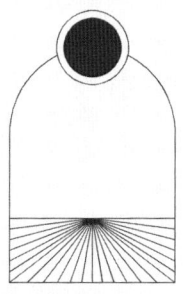

THE GROWN-UP'S DIARY

어른의 일기장

노이레 지음

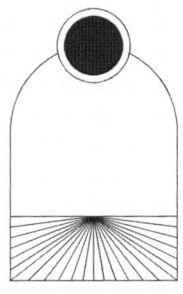

THE GROWN-UP'S DIARY

| 프롤로그 |

0   어른의 쉼표, 일기

왜 이중 전략인가?

제 1 부

01. 긍정확장 : 일상이 주는 '행복의 씨앗' 발견하기   17
작고 소중한 것들을 의식하는 습관 : 감사일기
작은 행복이 더큰 행복을 끌어당긴다 : 성취일기
구체적 설계로 실천 동력을 강화한다 : 비전일기

02. 수비강화 : 불행에 흔들리지 않는 방어막 구축   30
불행은 예고 없이 찾아온다 : 첨삭일기
부정적 감정을 처리하는 통로 : 걱정일기
앞으로 나아갈 수 있는 힘 : 실수일기

일상 속 기쁨으로 확장하기

제 2 부

01. 긍정적인 감정에 '이름 붙이기'   84
기쁨·감사·설렘 등 '플러스 감정'에 이름 붙이기
【 긍정확장 / 작성법 】 긍정감정에 라벨링 기본편
【 긍정확장 / 작성법 】 긍정감정에 라벨링 심화편

02. 더불어 행복해지는 비법 '감사함'   66
주변의 모든 것이 가치있게 느끼지는 주문
【 긍정확장 / 작성법 】 감사일기 쓰기

제 3 부 불행에도 무너지지 않는 방법

01. 상황에서 빠져나오기 '제3자 시점' 84
극심한 갈등에서 벗어나게 해준 '제3자 시점' 기법

02. 비난을 멈추고 나를 일으키는 힘 92
나를 무장해 줄 논리 찾기, 첨삭일기
【수비강화 / 작성법】 첨삭일기 쓰기
【수비강화 / 작성법】 자기연민 연습 편지쓰기

제 4 부 삶의 균형을 위한 습관

01. 작은 습관으로 이중전략 지속하기 117
행복예금, 불행보험을 함께 들기
나만의 속도 유지하기

02. 삶의 균형점 행복 + 수비 128
50:50 전략으로 융합적 일기쓰기 활용법
【이중전략 / 작성법】 감사와 긍정을 키우는 일기 질문
【이중전략 / 작성법】 성취와 성장에 집중하는 일기 질문
【이중전략 / 작성법】 감정과 내면을 탐색하는 일기 질문
【이중전략 / 작성법】 실수와 배움을 기록하는 일기 질문
【이중전략 / 작성법】 미래를 설계하는 일기 질문
【이중전략 / 작성법】 인간관계와 소통을 돌아보는 일기 질문
【이중전략 / 작성법】 자기 성찰을 위한 질문 일기 질문
【이중전략 / 작성법】 오늘의 일기

제5부 흔들려도, 결국 나아가는 건 오직 나

01. 더 나은 삶을 위한 디딤돌   150
아직도 일기 안 쓰세요?

02. 행복과 불행, 둘 다 내 삶의 일부   155
완벽한 행복도, 완벽한 불행도 없는 나의 이야기
힘든 날을 이겨내고, 평범한 하루를 특별하게 만드는 힘

| 에필로그 |

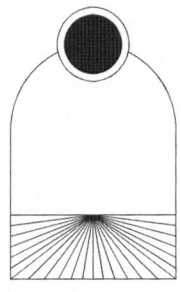

THE GROWN-UP'S DIARY

| 프롤로그 |

흔들리는 세상, 흔들리지 않는 행복

세상은 언제나 변하고, 그 변화는 종종 우리의 마음을 흔들어 놓습니다. 흔들리는 세상 속에서도 흔들리지 않는 자신만의 중심을 잡는 일은 어른이 되면서 겪는 성장 과정입니다. 행복은 멀리 있는 미래의 이상적인 모습이 아니라, 바로 오늘 살아가고 있는 일상과 그 순간에 있습니다.

행복을 찾는 여정은 단순히 긍정적으로 보고, 즐겁고, 웃고 하는 행위 속에서 쌓이는 것이 아닙니다. 진정한 행복을 위해선 불행에도 무너지지 않는 강인함이 함께 있어야 합니다.

기록되지 않은 것은 기억되지 않는다

일기는 단순한 기록이 아닙니다. 그것은 나 자신과의 대화이고, 특정 시간으로 불러오는 초대이며, 성찰의 도구이자 성장하는 과정을 목격하게 됩니다.

우리는 하루에도 수많은 생각을 합니다. 그러나 시간이 지나면 대부분 사라지고 맙니다. 일기는 그 순간의 감정과 생각을 붙잡아 두게 하며, 기록을 통해 말을 걸어 옵니다.

    기쁜 순간을 적으면 행복의 흔적이 남고,
    힘든 순간을 적으면 상처를 돌볼 수 있는 자료가 됩니다.

중요한 결정을 내린 날을 적으면 나의 선택을 이해하는 단서가 됩니다. 일기는 나를 잊지 않기 위한 작은 노력이 됩니다.

어른에게는 '이중 전략'이 필요하다

우리는 누구나 행복한 삶을 생각합니다. 하지만 꿈은 노력 없이는 이루어지지 않습니다. 행복을 키워가는 '긍정의 전략'과 더불어 불행을 방어하는 '수비의 전략'이 조화를 이뤄야 비로소 흔들리지 않는 삶을 만들어 갈 수 있습니다. 이 책은 바로 그 두 가지 힘을 키우기 위해 탄생했습니다.

- 작은 즐거움을 키워가는 행복의 비법
  바쁜 하루 속에서도 한 줄의 감사, 사소한 성취를 기록하는 일은 삶에 색채를 더합니다. 이는 오늘 하루의 작고 소중한 순간을 발견하는 도구이자, 스스로를 위로하는 따뜻한 손길입니다.
- 불행이 닥쳐도 무너지지 않는 단단함
  인생은 예측할 수 없는 돌발 상황으로 가득합니다. 불안과 실수를 객관적으로 기록하고 성찰하는 힘은 불행 속에서도 다시 일어설 수 있는 회복탄력성을 키워줍니다.

> 어른의 일기장에는
> 긍정확장 50%, 수비강화 50% 균형이 필요하다.

행복만을 좇는 삶은 위기 앞에서 흔들릴 수밖에 없습니다. 반면 불행만을 방어하려는 삶은 지나치게 피곤해지고 결국에는 의미를 잃게 됩니다. 그래서 균형이 중요합니다. 행복과 수비, 이 두 가지 축을 바탕으로 삶을 설계한다면 우리는 흔들리지 않고 중심을 잡으며 나아 갈 수 있습니다.

이 책을 펼친 지금! 당신은 이미 흔들리는 세상 속에서도 단단한 삶을 꿈꾸는 첫걸음을 내딛었습니다. 작은 기록이 쌓여 큰 변화를 만듭니다. 오늘부터 한 줄의 일기로, 당신 만의 행복과 단단함을 찾아보는 여정을 시작해 보세요.

삶을 바꾸는 첫 걸음은 이 페이지를 넘기는 순간부터 시작됩니다.

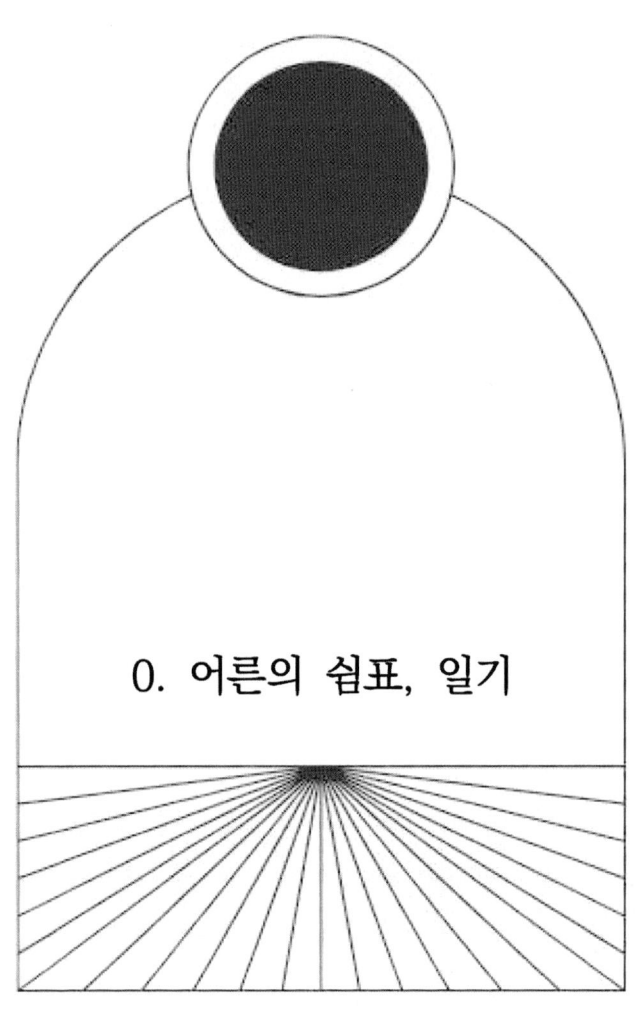

0. 어른의 쉼표, 일기

0

어른의
쉼표,
일기

어른이 되어도 여전히 자신이 없다.
잘 살고 있는지? 어떻게 살아야 하는지?
원하는 삶을 살고 싶다고 말하지만, 막상 그 답을 자신 있게
내놓는 이는 드물다. 삶의 방향을 찾기 위해 잠시 멈춤이 필요하다.

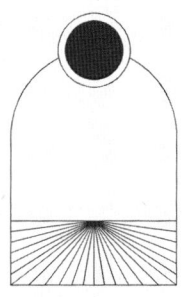

THE GROWN-UP'S DIARY

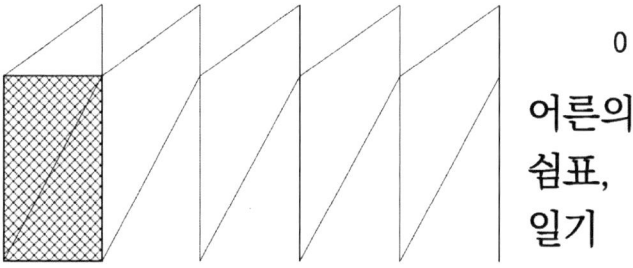

0
어른의
쉼표,
일기

일상에 지친 어른들을 위한 쉼표, 일기

 어른의 삶, 왜 쉼표가 필요할까요? 우리는 모두 숨 가쁘게 돌아가는 일상 속에서 많은 것을 놓치며 살아가고 있다. 끊임없이 이어지는 비교와 경쟁은 우리를 지치게 하고, 때로는 자신의 가치를 잊게 만든다. 외부의 기대와 사회적 기준에 맞추어 살아가다 보면, 내가 진정으로 원하는 것이 무엇인지조차 잊게 된다. 이런 삶 속에서 우리의 꿈과 목표는 희미해지고, 하루하루는 방향성을 잃은 채 흘러간다.
 때문에 어른의 시간에서 쉼표는 단순히 멈춤 이상의 의미를 가진다. 잠시 멈춰 서서 나를 돌아보는 시간은 새로운 에너지를 얻는 중요한 기회가 된다. 쉼표는 삶을 재정비하고, 내가 진정으로 원하는 것이 무엇인지 다시금 생각해 볼 수 있는 여유를 주는 것이다. 또한, 쉼표는 긍정적인 변화를 위한 원동력이 되어 더 나은 선택과 결정을 내릴 수 있게 돕는다. 어쩌면 이 작은 멈춤이야말로 우리를 더 멀리 나아가게 하는 가장 중요한 첫걸음일지도 모른다.

- 어른의 일기, 나를 위한 따뜻한 대화

  일기는 단순한 기록 이상의 가치를 지닌다. 일기를 쓴다는 것은 곧 자신과 대화하는 일이다. 바쁜 일상에서 자신과 진정으로 마주할 기회를 얻는 것은 쉽지 않다. 그렇기에 일기를 통해 우리는 진정한 나는 시간을, 기회를 가져야 한다. 나를 만나 보듬어 주고 격려하고 뜨겁게 사랑해야 하는 시간이 필요하다.

  먼저, **마음 챙김의 도구로서 일기는 일상 속 긍정적인 순간들을 발견하고 감사하는 연습을 가능하게 한다.** 평소에는 지나쳐 버리기 쉬운 작은 즐거움도 기록으로 남기면 그 의미를 새롭게 만든다. 또한, 일기는 우리의 생각과 감정을 정리하고 객관적인 시각을 확보할 수 있게 돕는다. 특히, 복잡한 감정에 휩싸였을 때 상황을 글로 풀어 내면 너와 나의 입장을 좀 더 명료하게 객관화할 수 있다.

  더 나아가 일기는 셀프 조언의 역할도 한다. 스스로에게 질문하고 답하며 자신의 삶을 돌아보는 과정에서 새로운 통찰과 방향성을 얻는다. 이렇게 기록된 일기는 단순한 글의 집합이 아니라, 우리가 앞으로 나아갈 길을 알려주는 나침반과 같은 역할을 한다.

  이제는 바쁜 일상에서도 나를 위한 시간을 내어 일기를 쓰자! 하루를 돌아보는 한 줄의 기록이 삶을 더 특별하게 만들 수 있다.

- **쉼이 필요하다면 지금 어른의 일기를 시작할 때이다**

　일기는 나의 삶을 있는 그대로 받아들이고, 변화의 첫걸음을 내딛게 하는 중요한 도구가 된다. 많은 사람이 일기 쓰기의 가치를 알면서도 꾸준히 쓰는 데에는 어려움을 느낀다. 그러한 이유 중 하나는 완벽하게 쓰려고 하거나 좋은 내용을 쓰려고 하기 때문이다. 일기를 쓰려고 할 때 짧고 간단한 문장으로 시작하는 것이 중요하다.

　일기를 통해 우리는 우리의 생각과 감정을 명확히 하고, 새로운 통찰을 얻으며, 스스로에게 중요한 질문을 던질 수 있게 된다. 예를 들어, "오늘 하루 중 가장 나를 기쁘게 했던 순간은 무엇인가?" 또는 "지금 내 마음은 어떤 상태인가?"와 같은 질문은 일기의 시작을 돕는다. 이러한 기록이 쌓일수록 우리는 자신을 더 잘 이해하게 되고, 더 나아가 성장의 발판을 마련할 수 있게 된다.

　이제는 더 이상 미루지 말고, 일기 쓰기를 시작해 보자. 종이와 펜이 필요하다면 좋아하는 볼펜과 수첩을 찾아보자. 아니면 언제나 들고 다니는 스마트폰도 좋다. 디지털 기기를 통해서라도 자기 생각을 기록하는 해보는 것이 중요하다.

　하루에 단 몇 분의 시간이 우리의 삶을 바꾸는 힘으로 다가올 것이다.

　그렇다면, 어른의 일기는 어떻게 써야 할까?

어른의 일기장이란?

- **일기의 재발견: 어른에게 필요한 이유**

  어릴 적, 우리는 종종 교과서나 일기장에 하루를 정리하며 자신의 하루의 흔적을 남겼다. 또는 학교 숙제로 제출하기 위한 일기는 형식적으로 작성하기도 했다. 하지만 어른의 일기는 단순한 기록 이상의 의미가 있다.

  이는 단순한 과거의 추억을 넘어서, 성찰과 성장, 그리고 삶의 질을 높이는 강력한 도구로 재발견 된다. 현대의 어른들에게 일기는 감정 관리, 목표 설정, 문제해결, 대인관계 등 다양한 삶의 영역에서 활용이 가능하다. **결국, 어른의 일기는 단순히 과거를 정리하는 것이 아니라 현재를 살고 미래를 준비하는 일이다.**

- **성찰과 성장의 도구로서의 일기**

  일기는 자기 자신을 이해하고 성장하는 데 있어 중요한 역할을 한다. 이는 기록 이상의 의미이며 감정적 해소와 논리적 사고를 결합하는 특별한 공간을 제공한다. '성찰 일기'는 자기 행동과 선택을 되돌아보게 하며, '감정 일기'는 복잡한 감정을 명확히 이해하고 수용하도록 돕는다. 이와 더불어 일기는 현재 상태를 점검하고 개선 방향을 모색하는 과정에서 성장의 발판을 마련해 준다.

  어른 일기 쓰기의 다양한 형태가 있고 이를 명명하거나 이름을 붙여줌으로써 감정을 깊이 들여다보고 깊은 생각의 흐름으로 이끌어

준다. 이에 어른의 일기 쓰기가 단순한 감정기록을 넘어 다양한 형태로 발전할 수 있다. 일기는 사고의 흐름이므로 생각과 감정을 복합적으로 다루게 된다. 궁극적으로 마음을 정리하는 어른의 일기장은 삶을 지켜주고 앞으로 나아가 가게 한다.

다양하게 불리는 일기를 분류하자면 감정일기와 성찰일기가 다양한 형태의 일기를 포함하는 상위 개념이 된다. 감정 일기는 자신의 감정을 표현하고 이를 다루는 방법에 중점을 둔다. 실수 일기, 걱정 일기, 감사 일기 등은 감정 일기의 하위 유형으로 볼 수 있다. 예를 들어, 걱정 일기는 불안과 같은 부정적 감정을 다루는 데 중점을 두며, 감사 일기는 긍정적 감정을 증폭시키는 역할을 한다.

성찰 일기는 행동, 사고, 결정 등을 돌아보며 삶의 방향을 재정립하는 데 중점을 둔다. 첨삭 일기와 성취 일기는 성찰 일기의 하위 유형으로, 자신의 판단과 행동을 돌아보고, 이를 개선하거나 강화하는 과정을 담는다.

각 일기는 그 목적과 기능에 따라 다르게 정의되며 이름을 붙인 일기는 생각을 이끌어 주며 보다 깊은 자기 내면의 목소리를 담는다. 이를 통해 전체를 그리고 나의 욕구를 알아차릴 수 있게 된다.

| 감사 일기 : 하루 동안 감사했던 일을 기록하며 긍정적인 마음가짐을 키운다. 이는 행복감을 증진하고 스트레스를 완화하는 데 효과적이다.
| 성취 일기 : 작고 큰 성과를 기록하며 자기효능감을 높인다. 이는 삶의 의미와 만족도를 높인다.

| **비전 일기** : 자신의 장기적 목표나 미래에 이루고 싶은 꿈을 구체적으로 기록하며, 이를 통해 긍정적인 기대감과 동기부여를 얻으며, 미래를 설계하는 데 도움을 준다.

| **첨삭 일기** : 특정 사건이나 결정에 대해 자신과 타인의 관점을 명확히 분석하고 수정하는 과정을 담는다. 이를 통해 객관적 시각을 키울 수 있다.

| **걱정 일기** : 현재의 걱정거리나 불안을 구체적으로 적어봄으로써 문제의 본질을 파악하고, 이를 해소할 방법을 찾는 데 도움을 준다.

| **실수 일기** : 하루 동안 발생한 실수를 적고 이를 통해 얻은 교훈과 대안을 기록한다. 이는 실패를 두려워하지 않고 성장의 계기로 삼는 데 효과적이다.

결론적으로, 어른의 일기 쓰기는 단순한 기록을 넘어, 자기 이해와 성장을 위한 강력한 도구가 될 수 있다. 다양한 일기 유형을 통해 긍정확장 전략과 수비강화 전략을 잘 세워보자

일기를 통해 더 깊이 있게 이해하여 성장하는 도구로 삼자!

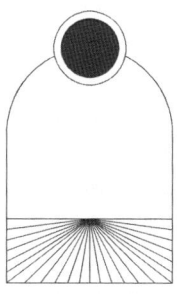

THE GROWN-UP'S DIARY

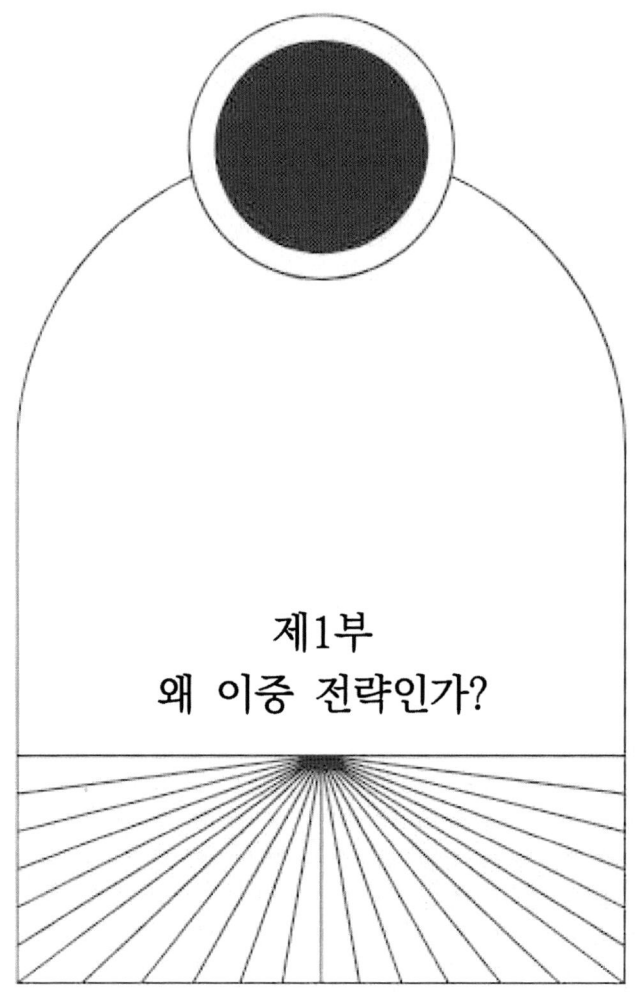

제1부
왜 이중 전략인가?

제 1 부

왜
이중
전략인가?

어른이 되면 알게 된다.
웃음 가득한 세상이 아니란 걸 말이다.
그래서 행복을 찾아 헤매는 것 만으론 부족하다.
수비력도 갖추어야 한다,

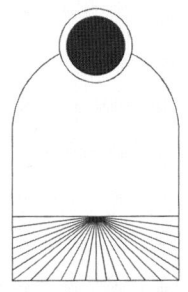

THE GROWN-UP'S DIARY

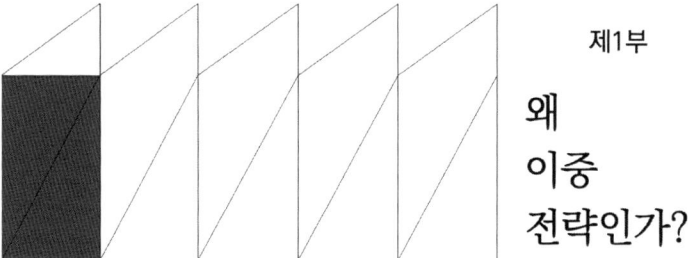

제1부
왜 이중 전략인가?

'이중전략'이란 무엇이며, 왜 지금의 시대에 필요한가?

나는 어른이 되면 모든 문제가 저절로 해결될 줄 알았다. 스무 살 무렵까지만 해도 '학교 졸업만 하면, 취업만 하면, 결혼만 하면' 인생에 큰 고민이 사라질 것이라 믿었다. 하지만 실제로 어른이 되어 보니, 문제는 오히려 더 복잡해지고 많아졌다. 사회적 책임감, 인간관계, 경제적 부담 등 해결해야 할 과제들은 끝없이 이어졌다. 그러다 보니 어느새 내 삶이 단지 "버티기"에 급급해져 있음을 느끼게 되었다.

매일 같이 직면하는 현실은 때로는 너무 빠르고, 예측 불가능하며, 외면하고 싶을 만큼 부담스럽다. 그래서 내 삶을 긍정적인 방향으로 이끌어 줄 '행복'에만 집중하기에는 계속되는 스트레스와 불안, 크고 작은 상처를 어떻게 회복해야 할지 고민이 많아졌다 바로 이러한 상황에서 '이중전략' 즉, **긍정확장(행복감) 50%, 수비강화(회복탄**

력성) 50% 전략을 동시에 추구하는 태도가 필요하다.

    삶에서 행복을 찾고 긍정적인 변화를 이뤄가는 일은 매우 중요하다. 하지만 현실은 늘 예측불허하고, 어느 한순간에 예상치 못한 위기나 시련이 찾아올 수밖에 없다. 그래서 단순히 "행복해지고 싶다"라는 바람에만 집중하기보다, **시련이 닥쳐도 쉽게 무너지지 않을 수 있는 '회복탄력성'을 키우는 방법**도 함께 고민해야 한다. 스스로가 삶을 조금 더 단단하게 꾸려 가는 방법들을 정리하고 실행해 보자

    만약, 당신이 아래의 질문에 답하는 삶을 산다면 여기에서 읽기를 멈추어도 좋다. 그렇지 않다면 '일기쓰기' 라는 기록을 통해 자신만의 성장 곡선을 만들길 바란다.

- 당신은 매일 아침 "오늘 내 기분은 어떤가?" 묻나요?

일상에서 스스로 기분을 먼저 점검하는 습관을 들이면, 내가 어떤 상태인지 인식하는 데 도움이 된다. 긍정적인 하루를 시작하기 위해서는 나의 감정을 먼저 챙겨주는 것이 중요하다.

    당신은 하루 한 문장이라도 일기 쓰기를 하고 있나요?
이 책의 본질은 '어른의 일기장'이다. 길고 멋진 글이 아니어도 좋다. 오늘 있었던 일, 느낀 감정, 감사했던 순간 한 줄이라도 적어보자. 이런 작은 기록이 쌓여 '행복'의 의미를 되짚게 하고, 동시에 어려움이 생겼을 때 회복탄력성을 되살리는 토대가 된다.

- 당신은 자신의 한계를 인정하고 그 기준으로 결정하고 있나요?

어른이 되었다고 해서 모든 것을 완벽하게 해내야 하는 것은 아니다. 때론 스스로에게 휴식과 위로가 필요함을 깨닫고, 부족한 점을 인정하는 태도가 내면을 단단하게 만들어준다. 이를 통해 언제라도 다시 시작할 수 있는 마음의 준비가 된다.

01. 일상이 주는 '행복의 씨앗' 발견하기

작고 소중한 것들을 의식하는 습관 : 감사일기

어느 날 문득, 이렇게 바쁘게 사는 내가 정말 행복한가 하는 질문에 빠져 있었던 적이 있다. 아침에 눈을 뜨자마자 달려가는 하루, 일과를 마치고 나면 그저 피곤함만 남는 날들이 이어질 때, 우리의 시간은 어디로 사라지는 걸까. 그 순간, 나의 하루를 되돌아보는 작은 기록이 내 시간의 가치를 빛나게 해준다는 사실을 알게 되었다. 우리의 귀한 시간을 기록하면, 그 순간들이 다시 반짝이는 경험으로 다가온다.

삶의 속도가 너무 빠를 때, 행복은 자주 우리 곁을 스쳐 지나간다. 그러나 행복은 멀리 있는 것이 아니라, 일상의 작은 순간 속에 숨어 있다는 사실을 깨닫는다. 일상에서 우리는 무심코 지나쳐 버리는 것들이지만 되돌아보면 그것들이 모두 특별한 순간임을 알게 된다. 이 장에서는 우리가 어떻게 행복의 씨앗을 발견하고 키워갈 수 있는지를 이야기하고자 한다.

🖉 소소한 행복은 곳곳에

- **지친 하루 속 작은 위로, 뜻밖의 따뜻한 말 한마디**

　때로는 너무 지친 날에도 작은 한마디의 말이 위로되곤 한다. 동료가 건넨 "오늘 정말 수고했어"라는 말이 그날의 피로를 덜어주곤 한다. 행복은 이런 예상치 못한 순간 속에서 발견되기도 한다. 중요한 것은 이러한 순간을 놓치지 않고 마음속에 담아두는 것이다. 이런 작은 순간들이 쌓이면서 우리는 삶의 다양한 색깔을 더 선명하게 느낄 수 있다.

　우리가 이런 소소한 행복을 놓치지 않으려면 먼저 멈춰야 한다. 늘 달리기만 하는 삶에서는 작은 위로의 순간조차 지나치기 쉽기 때문이다. 하루 중 짧은 시간이라도 주변의 소리를 듣고, 나 자신이 받은 따뜻한 순간을 되돌아보는 연습이 필요하다. 이런 연습은 결국 우리의 마음을 더욱 평온하게 만들어준다.

- **"내 인생도 꽤 괜찮네!"를 깨닫게 해주는 사소한 기록의 힘**

　일상의 순간을 기록하면 행복의 조각들이 선명히 드러나게 된다. 아침 햇살, 좋아하는 음악, 그리고 커피 한 잔이 주는 만족감까지도 기록에 담기 시작하면, 삶이 생각보다 꽤 괜찮다는 사실을 느끼게 된다. 기록은 일상의 평범함 속에서 소중한 가치를 찾아주는 도구가 된다. 이를 통해 우리는 우리의 시간과 감정을 더욱 소중하게 여기게 된다.

　어느 날, 감사 일기를 쓰기 시작하며 사소한 순간들이 가진 특별함을 알게 되었다. 그동안 무심히 흘려보냈던 순간들이 하나둘 떠올랐고, "내가 이렇게 풍요로운 하루를 살았구나"라는 생각이 들었다. 이런 깨달음이 바로 기록의 힘이다. 기록은 단지 종이에 남는 글이 아니라, 내 마음속에도 남아 삶을 더 긍정적으로 바라보게 한다.

✎ 행복의 첫 단추 '감사'

감사 일기는 "내가 소유한 작고 소중한 것들"을 의식하는 습관

감사 일기는 우리가 가진 것을 돌아보고, 현재의 풍요를 의식하게 만드는 강력한 도구이다. 감사의 습관은 우리가 당연하게 여겼던 것들에서 특별함을 발견하도록 돕는다. 매일 감사한 세 가지를 적는 것만으로도 삶의 균형이 달라진다. 감사는 가지고 있는 것을 찾아보는 행위의 연속이다. 가진 것이 많다는 것을 알게 되는 순간 충족감이 차오른다.

처음에는 감사할 일을 찾는 것이 어렵게 느껴질 수도 있다. 그러나 작게 시작해도 괜찮다. 예를 들어, "오늘 날씨가 좋아서 좋았다." 또는 "맛있는 커피를 마실 수 있었다." 같은 사소한 감사도 충분하다. 이런 작은 감사가 쌓이면, 일상이 더 밝아지는 것을 느낄 수 있다. 그리고 이러한 습관이 나중에는 더 큰 감사를 발견하는 데 디딤돌이 된다.

작은 행복이 더 큰 행복을 끌어당긴다 : 성취일기

사소한 성공이라도 매일 기록을 하면 자기효능감을 높일 수 있다. 매일 하는 설거지를 하며 깨끗한 주방을 만드는 데 성공할 수 있고, 잠에서 깨어나 이불을 정리하며 오늘의 첫 임무를 성공적으로 끝낼 수 있다. 성취 일기는 우리의 작은 성공을 축하하고, 자신을 스스로 격려하는 도구이다. 해야 할 일을 끝냈거나, 중요한 대화에서 자신의 의견을 전했을 때, 이 모든 것을 기록으로 남기는 것은 자신감의 밑거름이 된다. 사소한 성취도 꾸준히 기록하면 자신에 대한 신뢰가 쌓이게 된다.

이 작은 성공의 기록은 우리가 앞으로 나아가는 데 필요한 에너지를 제공한다. 때로는 "나는 왜 항상 부족할까"라는 생각이 들 때가 있다. 하지만 성취 일기를 펼쳐 보면, 내가 이미 해낸 일들이 얼마나 많은지를 다시 기억할 수 있다. 이는 나 자신에게 보내는 가장 큰 격려가 된다. 기록을 통해 우리는 스스로를 더 믿고 앞으로 나아갈 힘을 얻게 된다.

⚡ 위대한 일도 작은 일로부터 시작된다

- **작은 행복들이 훗날 더 큰 행복의 기반이 된다**

감사와 성취를 기록하는 일은 행복의 씨앗을 심는 일이다. 작은 씨앗이 자라 큰 나무가 되듯, 우리의 작은 기록들이 언젠가 더 큰 행복의 열매로 돌아오게 된다. 기록은 단순한 행위가 아니라 우리의 삶을 더 나은 방향으로 이끌어 주는 도구이다.

삶이 힘들고 복잡할 때, 성취 일기는 나를 다시 일으켜 세우는 도구가 된다. 작은 순간을 기록하며 느끼는 행복은 단순한 기쁨이 아니라, 삶의 방향을 재정비하고 나아갈 힘을 준다. 그것이 바로 우리가 기록해야 할 이유이다.

우리는 모두 자신의 이야기를 써 내려갈 수 있다. 그리고 그 이야기 속에서 작고 소중한 것들을 발견하는 순간, 우리의 삶은 반짝이기 시작한다. 행복은 거창한 목표가 아니라, 지금, 이 순간 속에 존재한다. 그것을 발견하고 기록하는 습관이 삶을 풍요롭게 만들어 준다.

📎 매일의 기록으로 삶의 방향키를 잡는다

- **하루를 지탱하고 삶의 주인공이 된다**

성취 일기는 우리가 일상의 방향성을 잃지 않도록 돕는다. 바쁜 삶 속에서 작은 성취를 기록하며 우리는 현재의 삶이 어떤 목표로 나아가고 있는지를 점검할 수 있다. 이런 기록은 단순히 어제와 오늘을 연결하는 데 그치지 않고, 나의 미래를 계획하고 더 나은 방향으로 이끄는 힘이 된다. 작은 성취를 기록하다 보면 그것이 모여 커다란 성취의 밑거름이 되는 것을 발견하게 된다.

성취 일기를 통해 우리는 삶의 주도권을 되찾는다. 이는 단순히 성과를 기록하는 것이 아니라, 내 삶을 적극적으로 설계하고 만들어

가는 과정이다. 하루하루 쌓이는 성취감은 곧 나에 대한 긍정적인 확신으로 이어지며, 더 큰 도전에도 과감히 나설 수 있는 용기를 준다.

- 작은 성취를 위한 도전을 해 볼까요?

예를 들면 아래와 같은 것들을 해보는 것이다. 자신의 생활 패턴에 맞춰 다양한 것들을 해보자.

∽ 해보기

☐ 일어 나서 세수하기 ✓
☐ 하루에 5번 물 마시기 ✓
☐ 책상 정리하기 ✓
☐ 사랑하는 사람에게 문자 하기 ✓

성취일기를 작성하다 보면 다음과 같은 마음이 든다..
"오늘 이불을 정리하니 마음이 가벼웠다."
"산책 후 기분이 맑아졌다."
"책상을 정리하니 집중력이 높아졌다."
"사랑하는 사람과 항상 연결된 기분이 들어!"

당신의 성취일기는 어떤 것으로 채워져 있나요?

구체적 설계로 실천 동력을 강화한다 : 비전일기

비전일기는 우리의 마음속에 있는 미래를 꺼내어 종이에 펼치는 행위이다. 이는 단순히 꿈을 적는 것을 넘어, 미래를 구체화하고 그것을 이루기 위한 초석을 다지는 과정이다. 만약 성취일기가 매일의 작은 목표와 실천을 기록하여 하루하루를 충만하게 만든다면, 비전일기는 새로운 시작점에서 또는 장기적인 미래를 설계하는 데 필요한 나침반과도 같다. 우리에게는 이 두 가지 일기의 조화가 필요하다. 왜냐하면 일상과 미래가 분리되지 않고 서로를 지탱하기 때문이다.

✐ 비전일기로 방향을 점검한다

인생은 매일 반복되는 일상의 조각들로 이루어져 있다. 그러나 이 조각들이 하나의 그림이 되려면, 우리는 그림의 큰 틀을 먼저 설계해야 한다. 많은 사람은 자신의 인생을 살기보다는 타인의 기대에 부응하거나 환경에 휘둘려 살아간다. 비전일기는 이러한 삶의 흐름 속에서 자기 자신을 다시 발견하고, 방향성을 설정하며, 자신이 진정으로 원하는 삶을 살아가는 데 도움을 준다.

특히 다음과 같은 이유로 비전일기가 중요하다:
목표의 구체화 : 막연했던 꿈이 구체적인 계획으로 전환된다.
긍정적 기대감 형성 : 미래를 상상하며 현재를 이끄는 원동력이

된다. 새로운 기운과 희망이 생길 것이다.

동기부여와 자기 강화 : 비전을 통해 실천 의지를 강화하고 해야 할 일들을 찾게 된다. 이는 곧 자기효능감을 높인다.

미래에 대한 준비 : 예상되는 도전과 불확실성에 대한 대비책을 마련하게 된다. 시간 계획은 도달점으로부터 지금까지 시간을 분배하고 해야 할 일들을 나열하게 하는 힘이 있다. 더 나아지고 성장한다는 믿음과 기대는 삶을 풍요롭게 한다. 그러니 적어도 새해를 다짐하는 날 비전일기를 써보자.

✎ 어른의 시작은 해보겠다는 결정부터다

스스로 시작을 결정한다. 무엇인가를 계획하지 않으면 아무 일도 일어나지 않는 것이 어른의 삶이다. 이에 비전일기를 시작하는 것은 새로운 문을 여는 것과 같다. 그러나 처음부터 완벽할 필요는 없다. 아래의 단계는 비전일기를 더욱 쉽게 작성하도록 돕는다.

· **마음껏 상상하기**

자신의 인생이 가장 빛나는 순간을 떠올려본다. 예를 들어, 5년 후의 나는 어떤 모습일까? 어떤 일을 하고 있을까? 어떤 사람들과 함께할까?

* L님 (50대,여성) 나는 언제부터인가 내 일상이 정체되어 있다는 느낌을 받았다. 그래서 한밤중에 조용히 앉아 미래의 나를 상상해 보았다. 예를 들어, 5년 뒤 나는 주말마다 딸과 강아지를 데리고 함께 공원에서 산책하며 서로의 하루를 나누는 모습을 그려보았다. 딸과 함께하는 요리 시간, 쇼핑, 유럽 여행 등 가족 사진첩에 추가될 웃음 가득한 추억들이 머릿속에 펼쳐졌다. 또한 그동안 배운 자격증으로 나만의 일을 찾아 일을 할 수 있게 되었다. 내 손으로 이 내일을 만들어가야겠다고 다짐했다."

- **구체적인 계획 세우기**

상상한 미래를 현실로 바꾸기 위해 어떤 목표가 필요한지 적는다. 예를 들어, "5년 안에 내가 이루고 싶은 5가지 목표"를 작성한다.

【 세부 계획 작성 】 각 목표를 달성하는 데 필요한 단기적 행동을 구체적으로 나눈다. 예를 들어, "글을 출판하는 것이 목표라면 매일 1,000자씩 쓰는 루틴을 만들겠다."

【 시각화하기 】 글뿐만 아니라 그림, 사진, 다이어그램 등 시각적 자료를 추가하여 비전을 생생하게 그린다.
실천 예: "내가 이루고 싶은 집의 모습을 사진으

로 출력해 비전일기에 붙였다. 이것만 봐도 설레는 마음이 든다."

【 정기적으로 검토하기 】 한 달에 한 번, 비전일기를 다시 읽고 진척 상황을 점검한다. 목표를 수정하거나 새로운 아이디어를 추가할 수도 있다.

비전일기를 꾸준히 쓰면서 얻게 된 변화는 크다. 이는 기록의 차원을 넘어 삶의 태도와 방향성을 바꾸는 데 효과가 있다. 필자 또한 비전일기를 통해 꿈을 현실로 만들어낸 경험을 여러 번 해왔다. 기록과 계획이 주는 힘을 믿고 실천했던 그 시간은 내 삶의 전환점과 자신감이 되었다.

비전일기는 미래의 내가 지금의 나에게 보내는 메시지다. 그 메시지는 "더 나은 내일을 위한 작은 한 걸음을 지금 시작하자"라는 단순하지만, 강력한 의미를 담고 있다. 그러니, 오늘 비전일기의 첫 줄을 써보자. 이 작은 시작이 우리의 삶을 얼마나 크게 바꿀지 모른다.

02. 불행에 흔들리지 않는 방어막 구축

불행은 예고 없이 찾아온다 : 첨삭일기

　우리 모두 한 번쯤은 경험한 적이 있다. 기대했던 일이 실패로 돌아가거나, 믿었던 사람에게 배신당하거나, 갑작스러운 사고나 병으로 일상이 뒤흔들리는 순간. 이런 일들은 예고 없이 찾아와 우리의 마음을 무너뜨리곤 한다. 과거 필자 또한 그런 경험 속에서 크게 흔들렸던 때가 있었다. 첫 직장에서 예상치 못한 구조조정을 겪으며 한순간에 정체성과 안정감을 잃었던 때, 기대했던 승진에 떨어지고 부서를 옮겨야 했던 일, 합당한 평가를 받지 못하고 받아들여야 했던 일들 그때는 모든 것이 끝난 듯 느껴지고 스스로 무가치하다고 여기게 되어 끝없는 나락으로 떨어졌던 경험이 있다. 지나고 보니, 그 상황을 받아들이고 나 자신을 다시 세우는 것이 무엇보다 중요한 일임을 알게 되었다.
　불행이 닥쳤을 때 회복하는 힘, 흔히 회복탄력성이라고 부르는 이 능력은 단순히 긍정적인 태도만으로 얻어지는 것이 아니다. 삶의 다양한 상황 속에서 내 마음을 보호하고 불행을 견뎌내는 메타포 적 기술을 체득해야 한다. 행복을 추구하는 데 필요한 다른 축은 불행 속에서 다시 일어날 수 있는 지탱의 힘이다. 이러한 힘은 생각을 바꾸어 상황을 전환하고 환경을 해석하는 힘이며 다른 방향을 바라보게 하는 전환의 힘이다.

✎ 첨삭일기 왜 써야 할까?

갑작스러운 사고와 불행한 일이 발생하거나 내가 해결하기 어려운 일이 닥쳤을 때 그 원인을 잘못 파악하면 우리는 심리적, 정서적으로 망가진다. 스스로 자책을 하고 그 자책이 심해지거나 그 문제에서 회피하기 급급 하다면 더 큰 불상사로 이어지기도 한다. 이에 상황을 더욱 객관적으로 파악하고 해결점을 찾기 위해서는 적절한 분석을 위한 첨삭일기가 필요하다.

첨삭일기는 스스로 글을 객관적으로 돌아보고 수정하는 과정을 통해, 더 나은 표현과 사고의 깊이를 갖추도록 돕는 글쓰기 방법이다. 이는 단순히 문법적 오류를 교정하는 데 그치지 않고, 자신의 생각과 감정을 논리적으로 정리하며, 이를 통해 삶의 다양한 면에서 성장을 도모하는 데 목적이 있다. 첨삭 과정은 자신이 작성한 글을 다른 시각에서 바라보게 하며, 이를 통해 자신의 강점과 약점을 명확히 인식할 수 있다.

- 왜곡된 자기 인식을 바꾸는 일

'첨삭'이라는 말은 글을 교정하고 보완한다는 뜻입니다. 첨삭일기는 스스로 쓴 '생각, 감정, 행동'에 대해 비판적으로 돌아보고 교정하는 과정을 기록하는 일기이다. 핵심 목표는 나 자신을 비난하거나 비판할 때, 그 생각이 사실에 근거한 것인지, 단순히 감정적인 것인지 구분하여 자기 인식과 감정 관리를 돕는다.

"이 상황이 내가 잘 못해서 일어 난 일인가? 정말인가?"
"그렇게 생각한 정확한 근거가 있는가?"

우리는 힘든 일을 마주할 때 객관화가 되기 힘들다. 그래서 주변 환경에 또는 타인의 판단에 맡겨지고 평가되기도 한다. 정도와 빈도에 따라 자기 인식은 더욱 왜곡된다.

자신을 스스로 비판할 때, 우리 마음에는 '정확한 사실'과 '왜곡된 감정'이 뒤섞이게 된다. 이를 분리하지 않으면 과도한 자기 비하, 부정적인 사고가 지속되어 정서적 고통을 초래한다. 이에 첨삭일기는 이러한 과정을 "글쓰기 → 비판·분석 → 교정"으로 구조화해 자기 이해를 돕고 깊은 감정의 덫에서 빠져나올 수 있다.

✐ 자기 객관화의 기술

- **사실과 해석을 나누는 것부터 시작**

불행은 매우 다양한 형태로 우리에게 찾아온다. 이때 중요한 것은 감정에 압도되어 절망에 빠지는 대신, 상황을 객관적으로 분석하는 것이 필요하다. 삶에서 일어나는 모든 일이 통제 가능하지는 않지만, 우리가 어떤 시각으로 그것을 바라보는가는 스스로 선택할 수 있다. 불행을 피하기보다, 그것을 마주했을 때 상황을 정확히 파악하고 자신의 감정을 인정하며 해결 방안을 모색하기 위해 기록을 해야 한다. 일기에 현재 상황을 사실적으로 기록하며 감정을 분리하는 것만으로도 문제를 객관적으로 바라보며 시야를 확대해 준다.

첨삭일기는 자신이 느낀 감정과 생각을 '사실'과 '해석'으로 나누어 살펴보고, 그중 왜곡된 부분을 논리적으로 교정하는 과정을 기록하는 글쓰기 방법이다. 이 글쓰기 방식은 자기 비난이나 부정적 감정에 휘말렸을 때, 그 감정이 실제 상황에 근거한 것인지 혹은 과도하게 확장된 것인지를 객관적으로 검토하고, 이로써 보다 건강한 사고와 감정 표현을 유도하게 한다.

- 감정과 생각 쓰기고 사실에 동그라미를 그려보기

(예시) 상황 - 김대리는 중요한 발표를 망쳐 속이 상했습니다.

그날 내가 느낀 감정(예: "나는 무능해", "나 때문에 문제가 생겼어")과 생각, 혹은 일어난 사건을 날 것 그대로 적습니다. 가급적 구체적으로 쓰되, 최대한 솔직하게 털어놓는 것이 좋습니다.

적용하기	
사실과 감정 (구분하기) ↓	"오늘 발표를 망쳤어 → 실제로 2분 정도 말을 더듬었다(사실), 그래서 사람들 앞에서 너무 창피하고 앞으로 발표를 못하겠다는 생각이 들었다(감정)."
근거와 맥락 찾기 (심층 분석) ↓	① '잘했다/못했다'라는 스스로 판단 근거는 무엇인지, 다른 사람들은 어떻게 평가했는지 등을 확인합니다. ② '내가 정말 무능한가?' '혹은 일시적인 실수였는가?'처럼 구체적으로 따져봅니다.
교정·대안적 시각 (첨삭 과정)	"나는 무능해"가 아니라 "발표 중간에 긴장으로 실수했지만, 발표 자료는 잘 준비했고 질문에도 대응했다."

'부정적 사고'에 대해서 논리적·사실적 관점으로 첨삭해 보면 위와 같이 스스로가 쓴 문장을 고쳐봄으로써, 과도한 자기 비하에서 벗어나 균형 잡힌 시각을 형성할 수 있다.

첨삭일기는 단순히 글을 쓰는 행위가 아니라, 자기 성찰과 감정 조절, 개선까지 이어지는 일련의 프로세스입니다. 감정이 나를 주도하기보다, 내가 감정을 '관찰'하고 '조절'할 수 있도록 도와주므로 꾸준히 해나갈 만한 가치가 큽니다.

- **첨삭을 통한 글쓰기와 상황 개선**

　첨삭 일기를 꾸준히 쓰는 것은 단순히 글쓰기 능력을 넘어 삶 전반을 개선하는 데 도움을 준다. 예를 들어, 자신의 감정을 글로 적고 수정하는 과정에서보다 명확히 자신의 마음을 이해하게 된다. 이를 통해 감정적 혼란이 줄어들고, 더욱 평온한 마음 상태를 유지할 수 있다.

부정적 감정을 처리하는 통로 : 걱정일기

걱정일기는 마음속에 쌓인 불안과 염려를 글로 옮겨내는 과정을 통해 심리적 해방감을 주는 도구이다. 걱정을 글로 적는 것은 단순한 고민의 기록을 넘어 체계적으로 이해하고 해결 방안을 모색하는 데 도움을 준다. 특히, 글로 표현함으로써 걱정을 명료하게 정의할 수 있고, 막연한 불안을 구체적인 문제로 전환할 수 있다. 이는 감정의 혼란을 줄이고 스스로 상황을 통제할 수 있다고 느끼게 한다.

✎ 걱정을 글로 적는 이유: 마음의 해소

- **걱정 일기의 3단계 쓰기 법 : 표현, 정리, 해결**

  걱정 일기는 걱정을 단순히 표현하는 것에서 끝나는 것이 아니라, 현실적인 해결책을 통해 삶의 주도권을 되찾는 데 기여하는 것이다. 해결 방법을 적어두고 실천으로 옮기는 것이 걱정일기의 핵심이다. 효과적으로 쓰기 위해서는 다음의 3단계 쓰기 법을 추천한다.

  > **표현** : 마음속 걱정을 가감 없이 글로 옮기는 단계다. 이 과정에서는 문법이나 표현의 정확성보다는 자신의 감정을 있는 그대로 솔직히 적는 것이 중요하다. 예를 들어, "내일 중요한 발표가 있는데 준비가 부족한 것 같다"와 같이 걱정의 근본 원인을 적는다.

정리 : 표현한 내용을 분류하고, 걱정의 핵심 원인을 파악하는 단계다. 걱정을 주제별로 나누거나, 해결 가능성과 중요도를 기준으로 우선순위를 매긴다. 이를 통해 문제의 본질을 더 명확히 이해할 수 있다.

해결 : 마지막으로, 정리된 내용을 기반으로 해결책을 모색한다. "발표 준비 시간을 더 확보하기 위해 다른 일정을 조정하자"와 같은 구체적인 행동계획을 작성한다. 이 과정에서 스스로에게 실현가능한 목표를 제시하며 작은 성취감을 얻도록 한다.

만약 3단계로 작성하는 것이 어렵다면 우선 느낌과 걱정 불안을 들여다보고 이것이 실제 일어날 일인가를 먼저 생각한다. 우리의 걱정들은 실제 일어나지 않을 확률이 높으며, 일어난다고 할지라도 대게는 자신이 해결하지 못하는 영역일 수도 있다. 이에 1단계 왜 내가 불안한지 왜 걱정을 하고 있는지를 솔직하게 작성해 보고 사실을 확인한 후 할 수 있는 가장 작은 일부터 실행해 본다. 다음 단계에 대한 도식화를 통해 적용해 보길 권한다.

적용하기		
느낌과 걱정 불안 감정 (들어내기) ↓	① 나는 왜 이렇게 불안할까? ② 어떤 상황이 나를 이렇게 만들었을까? 　질문하기 ➢ 최대한 구체적으로 적고, 어떠한 검열도 없이, 있는 그대로 적는 것이 핵심이다.	
걱정 내용 정리 (원인분석) ↓	① 이 걱정이 내 삶에 실제로 미치는 영향은 무엇인가? ② 이 문제를 해결하지 않았을 때 어떤 결과가 생길까? ➢ 걱정을 세분화하고 구조적 ➢ 표현한 감정과 상황을 다시 읽어보며, 문제의 원인과 본질을 파악하는 것	
해결 방법 찾기 (행동계획)	- 우선순위를 설정 당장 할 수 있는 일 시작 - 문제해결을 위해 도움을 정할 것 - 최악의 상황을 가정하고 대처 방안 모색 ➢ 해결 방법을 모색 방안 마련	

✐ 걱정에서 해결로 가는 방법 : 긍정적 전환의 기록법

　걱정 일기의 가장 큰 가치는 부정적인 감정을 긍정적인 방향으로 전환할 수 있는 점에 있다. 또한 걱정을 해결로 전환하기 위해 다음과 같은 기록 방식을 실천할 수 있다:

【걱정과 해결책 나누기】 한페이지를 두 부분으로 나누어 왼쪽에는 걱정을, 오른쪽에는 가능한 해결책을 적는다.

【감정 정리와 미래 예측】 현재 느끼는 감정을 구체적으로 기술하고, 예상되는 최악의 상황과 이를 극복하기 위한 대안을 기록한다.

【작은 행동 시작】 걱정 중 하나를 선택해 작은 행동을 시작하며, 그 과정을 기록한다. 예를 들어, "발표 자료 1장을 오늘 밤까지 준비하기"와 같이 작고 구체적인 행동 목표를 설정한다.

결국, 걱정 일기는 감정을 단순히 해소하는 것을 넘어, 행동으로 이어지는 긍정적인 전환을 가능하게 한다. 이는 삶의 과제를 더욱 능동적으로 대처하며, 작은 성공을 통해 자신감을 키우는 데 중요한 역할을 한다.

앞으로 나아가는 힘 : 실수일기

✎ 감정을 객관화하는 힘

불행 속에서 가장 먼저 해야 할 일은 자신의 감정을 인정하는 것이다. 감정 일기를 통해 내면에 억눌린 분노, 슬픔, 무력감을 솔직히 적어 보는 과정이 필요하다. 예를 들어, "오늘 느낀 슬픔은 10점 만점 중 8점이었다"처럼 감정을 수치화하거나, "왜 이런 감정을 느꼈을까?"라고 스스로 질문을 던지면 좋다. 이런 과정은 감정을 객관적으로 바라보는 데 큰 도움을 준다. 이는 나 자신을 이해하고 감정에 끌려가지 않도록 통제할 수 있는 힘을 기르는 방법이다.

감정 일기를 처음 시작했을 때, 어릴 적부터 억눌려 있던 화와 분노를 적나라하게 마주했던 기억이 있다. 처음에는 쓰는 것 자체가 두려웠지만, 매일 감정을 기록하며 조금씩 그 감정들이 내 삶을 좌지우지하는 것을 막을 수 있었다. **감정을 단순히 풀어내는 것뿐 아니라, 그것을 내 삶의 일부로 받아들이는 용기를 얻었던 경험이 있다.**

✎ 실수 일기: 실패에서 배우는 연습

삶에서의 실수는 누구나 경험하지만, 이를 기록으로 남기는 사람은 드물다. 실수 일기는 단순히 실패를 기억하기 위해 쓰는 것이 아니라, 실수로부터 배운 교훈을 통해 더 나은 선택을 할 수 있도록 돕는다.

예를 들어, **오늘의 실수**: 중요한 메일을 확인하지 않고 보낸 일. **교훈**: 중요한 일을 처리하기 전 반드시 두 번 확인하자." 이런 형태로 실수를 기록하면, 반복적인 실수를 방지할 뿐 아니라 실수를 두려워하지 않는 태도를 기를 수 있다.

나는 어느 날 중요한 프레젠테이션 자료를 잘못 준비한 적이 있었다. 그날 저녁, 실수 일기에 그날의 상황과 감정을 적으며 이렇게 다짐했다. "다음에는 준비 과정을 체크리스트로 만들어 점검하자." 그 뒤로 나는 같은 실수를 반복하지 않았고, 그 경험은 오히려 내 자신감을 회복시키는 발판이 된다.

✐ 실천을 위한 가이드: 불행에 흔들리지 않는 일기 쓰기

- **매일 10분, 감정과 실수를 기록하기**

  하루 10분만 투자해 오늘 느꼈던 가장 강렬한 감정과 실수를 적어 보는 것이 중요하다. 이때 중요한 점은 자신을 비난하거나 과도하게 낙관하려 하지 말고, 있는 그대로를 적는다.

- **긍정적 교훈 찾기**

  감정 일기와 실수 일기를 마무리할 때는 "오늘 배운 것"을 한 줄로 요약해 보는 것이 좋다. 예를 들어, "슬픔 속에서도 나를 지지해 주는 사람이 있다는 사실을 깨달았다"처럼 긍정적인 통찰을 추가하면 된다.

- 한 달 뒤 돌아보기

　한 달 동안 쓴 감정 일기와 실수 일기를 다시 읽어보며 자신의 변화와 성장을 점검해 보는 과정이 중요하다. 내가 어떤 감정에 취약했는지, 어떤 실수를 반복했는지, 그리고 그로 인해 어떻게 성장했는지를 돌아보는 것이 핵심이다.

　불행은 피할 수 없지만, 그로 인해 무너지는 것을 방지할 수는 있다. 감정 일기와 실수 일기는 그런 방어막을 만들어주는 소중한 도구이다. 작은 기록이 결국 당신의 마음을 단단히 지켜줄 것이다.

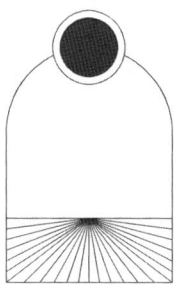

THE GROWN-UP'S DIARY

제2부
일상 속 기쁨으로 확장하기

제 2 부

일상
속
기쁨으로
확장하기

행복은
너무 가까이에 있어 우리가 그것을 놓치기 쉽다,
언제든 꺼내볼 수 있는 기록이 필요한 이유다.

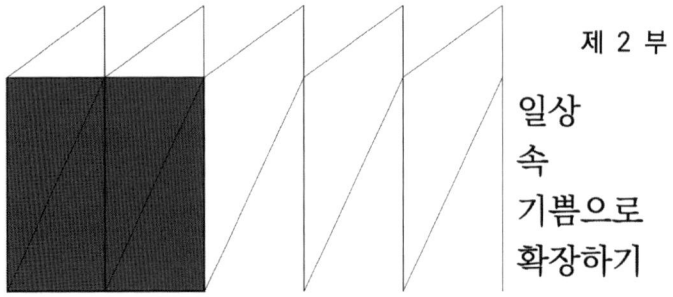

제 2 부

일상
속
기쁨으로
확장하기

행복을 확장하는 전략 : 긍정확장 50%

　행복은 우리 일상의 작은 순간 속에 숨어 있다. 그러나 우리는 종종 이 작은 순간들을 지나치며 살아간다. 일기를 통해 행복의 씨앗을 발견하고 키울 수 있다. 이는 단순한 기록을 넘어 우리 내면의 긍정적인 에너지를 확장하는 도구가 된다. 특히 기쁨, 감사, 설렘 같은 플러스 감정에 주목해 이름 붙이는 행위는 우리 삶의 만족도를 높이는 데 효과적이다. 감정에 이름을 붙이는 행위 자체가 감정 인지 능력을 키우고, 이는 행복을 더 풍요롭게 만드는 출발점이 된다.

　우리의 삶은 설계 가능하다. 계획 일기와 미래 비전은 이를 구체화하는 강력한 도구다. 하루, 주간, 장기 계획을 통해 목표를 설정하고, 미래 자아에 대한 긍정적 기대를 품을 때 우리는 삶의 방향성을 잡을 수 있다. 행복은 우연히 찾아오는 것이 아니라, 준비된 사람에게 오는 선물이라는 점을 잊지 말아야 한다.

　감사한 일을 기록하고 미래를 계획하는 일기는 함께 작동할 때 더욱 빛을 발한다. 오늘의 기쁨을 기록하고, 내일의 설렘을 설계하며, 예상되는 불행에도 대비하는 습관은 우리를 더욱 단단하게 만든다. 행복은 단순히 즐거움이 아니라, 지속적인 성장을 위한 에너지이다.

지금부터라도 세줄 이여도 좋다. 아니 한 줄이여도 좋다. 오늘의 감사와 내일의 계획을 써보자. 이러한 과정에서 드는 감정을 솔직히 작성해 보고 그러한 이유와 패턴을 찾는다면 감정을 조절하고 인식함으로 더 나은 내일을 살게 된다. 감정을 기록하는 것만으로도 그 안에 가치를 찾을 수 있다.

오늘 느낀 감정을 단어로 기록하고, 점수를 매기며, 내일을 설계하는 습관은 당신의 삶을 확연히 변화시킬 것이다.

행복은 때로는 너무나 가까이에 있어 우리가 그것을 놓치기 쉽다. 감사일기는 이런 행복의 단서를 찾아내는 강력한 도구이다. 매일의 삶에서 감사한 순간들을 기록하며 우리는 자연스럽게 더 많은 긍정적인 감정을 느끼고, 행복감의 깊이를 넓힐 수 있다.
작은 일이라도 괜찮다. 아침에 들은 새소리, 친절한 인사, 맛있는 한 끼 식사—이 모든 것이 감사일기에 기록될 수 있는 대상이다. 이 과정을 통해 우리는 이미 가진 것을 더 소중히 여기고, 삶의 작은 기쁨을 놓치지 않는 눈을 기르게 된다.
긍정확장을 위한 감사일기, 성취일기, 비전일기는 단순히 과거를 되짚는 기록이 아니다. 그것은 앞으로 더 많은 감사와 행복을 만들어낼 씨앗이다. 처음에는 어색하게 느껴질 수 있지만, 매일 한 줄이라도 적기 시작하면 점차 감사의 습관이 만들어지고, 우리의 시각은 긍정으로 확장된다. 오늘부터라도 작은 감사부터 기록해보자.

01. 긍정적인 감정에 '이름 붙이기'

기쁨·감사·설렘 등 '플러스 감정' 강화

긍정적인 감정은 우리가 삶의 풍요로움을 느끼게 하는 중요한 요소이다. 감정에 이름을 붙이는 행위는 단순한 표현을 넘어, 자신이 느끼는 감정을 구체적으로 인지하고 명확하게 인식하게 한다. 이를 통해 우리가 느끼는 기쁨이나 설렘은 일시적인 감정으로 지나가는 것이 아니라 더 깊이 체화될 수 있다. 예를 들어, 단순히 "기분이 좋았다"라고 적는 대신 "햇살 아래 걸으니, 마음이 따뜻하고 설렜어"라고 구체적으로 표현하는 습관은 우리의 감정 경험을 풍부하게 만든다.

긍정적인 감정 라벨링은 개인의 심리적 웰빙과 행복감 증진에 중요한 역할을 한다. 이러한 접근법의 효과성은 여러 심리학 연구를 통해 뒷받침되고 있다.

좋은 감정을 더 선명하게 인지하면 행복감 배가

긍정적인 감정을 선명히 인지할수록, 그 감정이 주는 행복감은 배가된다. 이는 뇌가 긍정적인 기억을 더 쉽게 강화하도록 돕는 역할을 한다. 감정에 이름을 붙일 때, 우리의 집중이 그 순간을 포착하고 감정을 확장시킨다. 과학적 연구에 따르면, 정서적 표현이 강화된 기록은 개인의 정신 건강과 행복도를 높이는 데 크게 기여한다고 한다(Pennebaker, 1997).

- **확장-구축 이론 (Broaden-and-Build Theory)**
Barbara Fredrickson이 제안한 확장-구축 이론에 따르면, 긍정적인 감정은 우리의 사고와 행동 레퍼토리를 확장시키고, 장기적으로 개인의 자원을 구축하는 데 도움을 준다. 예를 들어, 기쁨은 창의적 사고를 촉진하고, 설렘은 새로운 경험을 탐구하도록 동기를 부여한다. 긍정적 감정을 선명히 인지하고 표현하는 것은 이 과정을 강화하여 더 큰 행복감과 웰빙으로 이어진다.

- **마음챙김과 감정 인식**
마음챙김 기반 접근법은 현재 순간의 경험에 대한 판단하지 않고 받아들이는 것이다. 지금 이 순간에 벌어지는 내 감정, 생각, 신체 감각 등을 좋고 나쁘다고 평가하거나 해석하지 않고, 있는 그대로 두면서 긍정적 감정을 선명하게 인지하는 것이다. 예를 들어, "예를 들어, 기쁨이나 감사의 순간이 찾아올 때, 그 감정을 좋거나 나쁘다고 판단하지 않고 있는 그대로 관찰하고 인식하는 것만으로도 스트레스는 줄어들고, 긍정적인 정서는 자연스럽게 자라난다.

- 감정 조절 이론 (Emotion Regulation Theory)

James Gross의 감정 조절 이론에 따르면, 감정을 인식하고 명명하는 것은 효과적인 감정 조절 전략 중 하나이다(Gross, 1998). 긍정적 감정을 더 선명하게 인지하고 표현하는 것은 이러한 감정을 강화하고 유지하는 데 도움이 될 수 있다. 이는 스트레스를 줄이고, 보다 균형 잡힌 감정 상태를 유지하도록 돕는다.

- 신경가소성과 긍정적 경험

뇌의 신경가소성 원리에 따르면, 반복적으로 경험하고 주의를 기울이는 것들이 뇌의 구조와 기능을 변화시킨다. 긍정적 감정에 더 많은 주의를 기울이고 이를 선명히 인지하는 것은 뇌가 이러한 긍정적 상태를 더 쉽게 활성화하도록 만들 수 있다. 반복된 긍정적 감정의 인지는 우리의 뇌가 행복감을 느끼는 방향으로 더욱 민감해지도록 훈련시킨다.

- 사회적 공유와 감정 증폭

긍정적 감정을 타인과 공유하는 것은 그 감정의 강도와 지속 시간을 증가시킬 수 있다(Rimé, 2009). 이는 '사회적 공유 가설'로 알려져 있으며, 긍정적 감정을 더 선명히 인지하고 표현하는 것이 이러한 공유를 촉진할 수 있다. 예를 들어, 감사한 일을 일기나 대화를 통해 공유하면 그 순간의 긍정적 감정이 더 오래 지속되고 강해질 수 있다.

긍정적 감정을 선명히 인지하고 표현하는 것은 단순히 좋은 감정을 느끼는 것을 넘어, 그 감정을 인식하고, 명명하고, 공유하는 과정을 통해 전반적인 웰빙과 행복에 중요한 영향을 미친다. 이는 확장-구축 이론, 마음챙김, 감정 조절, 신경가소성, 그리고 사회적 공유와 같은 다양한 이론적 배경으로 뒷받침된다. 이처럼 긍정적 감정을 지속적으로 인지하고 표현하는 습관을 통해 우리는 더 큰 행복감을 경험할 수 있다.

긍정적인 감정에 라벨링하여 강화

Fredrickson(2001)의 확장-구축 이론에 따르면, 긍정적 감정을 인식하고 표현하는 것은 개인의 사고-행동 레퍼토리를 확장시키고 장기적인 자원을 구축하는 데 도움이 된다. 이 이론은 긍정적 감정이 단순히 일시적인 기분 좋음을 넘어서, 개인의 인지적, 사회적, 심리적 자원을 확장시키는 역할을 한다고 설명한다.

【 감정 인식 향상 】 감정에 이름을 붙이는 과정은 자신의 감정 상태를 더 명확히 인식하게 한다. 긍정적인 감정에 이름을 붙이면 자신의 감정 상태를 더 정확히 인식하게 한다.

【 감정 조절 능력 개선 】 감정을 정확히 인식하면 그 감정을 더 효과적으로 관리할 수 있다. 자기인식을 증가시킴으로써 감정의 조절 능력 향상되며 심리적 안녕감을 증진 시킨다.

【 긍정적 경험 강화 】 긍정적 감정에 집중하고 이를 표현함으로써 그 경험이 더 깊이 각인 된다. 긍정적인 감정에 이름을 붙이는 과정으로 감정을 더 오래 유지하게 해준다. 자신감, 긍정적인 감정, 자신감, 기쁨, 설레임 등 경험을 강화된다.

【 긍정적 자기 대화 촉진 】 긍정적인 감정에 이름을 붙이는 습관은 긍정적인 자기 대화를 촉진합니다. 이는 언어적 설득의 한 형태로, 자기효능감을 높이는데 도움이 된다.

【 스트레스 관리 능력 향상 】 긍정적인 감정을 인식하고 이름 붙이는 과정은 스트레스 관리 능력을 향상시킨다.

결론적으로, 긍정적인 감정에 이름을 붙이는 습관은 자신의 감정을 더 잘 이해하고 조절하게 하며, 이는 자아 효능감 향상으로 이어집니다. 이러한 과정은 개인의 심리적 성장과 행복감 증진에 중요한 역할을 합니다.

- 가장 행복한 순간 점수 매기기

　감정을 라벨링하는 좋은 방법 중 하나는, 하루 중 가장 기뻤던 순간을 떠올리고 그 감정을 점수로 표현하는 것이다. (예시)오늘 가장 기뻤던 순간 점수 매기기 (1~10단계)를 해 보는 것이다.

　예를 들어, "점심시간에 동료와 웃으며 대화한 순간은 기쁨 8점이었다"처럼 기록할 수 있다. 이러한 점수 매기기는 자신의 감정을 시각적으로 확인하며, 매일 감사의 크기를 비교하는 재미도 제공한다.

✎ 감정 라벨링으로 행복한 감정 패턴 찾기

　하루를 정리하며 쓰는 일기에는 다양한 긍정적인 감정들이 나타난다. 이러한 감정에 라벨링을 붙이면 행복을 느끼는 순간과 그 원인을 더 깊이 이해할 수 있다. 행복한 감정을 인식하고 패턴을 이해하는 것은 행복감을 증진시키는 데 중요한 역할을 한다.

- 감정 인식하기

　행복한 감정을 인식하는 것이 첫걸음이다. 자신이 언제 행복을 느끼는지 스스로에게 질문하며 감정을 정확히 파악해야 한다. 예를 들어, "지금 내가 설레는가? 아니면 편안함을 느끼는가?"와 같이 자문하며 감정을 구체적으로 정의한다. 이러한 질문은 긍정적인 순간을 더 명확히 이해하는 데 도움을 준다.

- **구체적인 감정 이름 붙이기**

  행복한 감정을 구체적인 단어로 표현하면 그 감정의 본질을 더 깊이 이해할 수 있다. 단순히 "행복하다"라고 하는 대신, "뿌듯하다", "감사하다", "설렌다" 등 세분화된 단어를 사용하면 감정을 선명하게 표현할 수 있다. 예를 들어, "친구와 오랜만에 만나 이야기를 나누며 느낀 설렘"이라고 기록한다면, 그 감정이 언제, 왜 나타났는지 더 명확히 알 수 있다.

- **상황 분석하기**

  자신이 행복한 감정을 느꼈던 상황을 떠올리는 것이 중요하다. 감정은 특정한 사건이나 맥락에서 비롯되기 마련이다. 예를 들어, "오늘 산책 중에 봤던 노을이 너무 아름다웠다"라는 상황을 기록한다. 이를 통해 행복의 근원을 이해하고, 그러한 순간을 더 자주 경험할 수 있도록 계획할 수 있다.

- **자기 질문하기**

  행복의 원인을 탐구하기 위해 스스로에게 질문을 던져보는 습관이 필요하다. "무엇이 나를 기쁘게 했는가?", "이 순간이 왜 특별했는가?"와 같은 질문은 긍정적인 감정의 패턴을 이해하는 데 큰 도움을 준다. 이러한 질문을 통해 행복이 단순한 반응이 아니라 나의 가치와 연결되어 있음을 깨달을 수 있다.

- **행복한 감정 패턴 파악하기**

  반복적으로 자신에게 질문을 던지다 보면 특정 상황에서 행복감을 느끼는 패턴을 발견할 수 있다. 예를 들어, "나는 자연 속에 있을 때 안정감과 행복을 느끼는 경향이 있다" 또는 "인정받을 때 뿌듯함을 느낀다"와 같은 통찰을 얻을 수 있다. 이러한 패턴을 이해하면 행복한 순간을 더 의도적으로 만들 수 있다.

- **비판단적 태도 유지하기**

  행복의 원인을 찾는 과정에서 그 감정의 크기나 가치에 대해 판단하지 않는 것이 중요하다. 예를 들어, "내가 노을을 보며 행복을 느끼는 것은 너무 평범한 일 아닌가?"라고 생각하기보다는, "지금 나는 노을을 보며 마음이 따뜻해지고 있구나"라고 수용하는 태도를 유지하는 것이 필요하다.

- **반복적 연습**

  행복한 감정을 인식하고 라벨링하는 능력은 꾸준한 연습을 통해 향상된다. 매일 정해진 시간에 자신이 느꼈던 행복한 순간들을 기록하며, 그 감정을 분석하는 습관을 들이면 행복의 빈도를 더 높일 수 있다. 이러한 반복적인 실천은 감정을 더 명확히 이해하고, 행복감을 지속적으로 증진하는데 기여한다.

  감정을 더 세분화 해 보면 만족감이 더욱 커질 것이다. 오늘 하루를 내가 긍정적 언어와 함께 살았다는 또 다른 긍정을 불러오기 때문이다. 다음 표는 감정 이름과 예시이다. 만약 시간이 없다면 오늘 느낀 긍정적 감정 이름에 체크를 해보자.

감정 이름		긍정 라벨링 (예시)
감사	☑	오늘 동료가 도와줘서 일을 순조롭게 끝낼 수 있었다. 그 순간 동료에게 진심으로 감사함을 느꼈다.
설렘	☑	다음 주 여행 준비를 하며 짐을 꾸릴 때, 떠날 생각에 가슴이 뛰었다.
뿌듯한	☑	오랜만에 운동을 끝까지 해냈다. 땀이 나고 몸이 가벼워지는 기분이 정말 좋았다.
평온함	☑	저녁 산책 중에 들었던 새소리가 마음을 편안하게 만들었다.
기쁨	☑	오랜만에 친구와 만나 함께 웃으며 대화를 나눴다. 그 순간 내 마음에 가득 찬 기쁨을 느꼈다.
자신감	☑	오늘 회의에서 내 의견이 받아들여져 팀원들이 호응했다. 나의 능력을 인정받은 것 같아 자신감이 생겼다.
만족감	☑	오늘 집안 청소를 끝내고 깨끗해진 공간을 보며 스스로에게 만족감을 느꼈다.
감동	☑	동료가 나를 위해 준비한 작은 생일 선물을 받고 따뜻한 감동을 느꼈다.
활력	☑	아침 운동 후 신선한 공기를 마시며 하루를 시작했을 때, 온몸에 에너지가 넘치는 활력을 느꼈다.
행복감	☑	가족과 함께 저녁 식사를 하며 웃음소리를 들었을 때, 단순하지만 완전한 행복감을 느꼈다.
자부심	☑	내가 목표로 했던 일을 계획대로 성공적으로 마무리했을 때, 나 자신에 대한 자부심이 가득했다.

행복한 감정을 인식하고 라벨링 하는 것은 행복감을 증진하는 효과적인 방법이다. 이를 통해 우리는 행복한 순간을 더 자주 발견하고, 그 순간을 즐길 수 있는 능력을 키울 수 있다. 물론 감정은 긍정적 감정만 있는 것은 아니다. 부정적인 생각이 들 거나 침울해지고 우울해질 때도 있다. 감정을 이해하는 절차는 위와 비슷하다. 다양한 감정이 있다. 감정 분류 모형을 보면 알 수 있다.

다만 2부에서는 긍정적인 감정을 극대화하는 측면에서 제시했고 이는 행복전략으로 이해하길 바란다. 궁극적으로 반복적인 연습을 통해 자신의 감정 패턴을 이해하고, 행복을 의도적으로 설계하는 삶을 시작해 보자.

감정 분류 모형

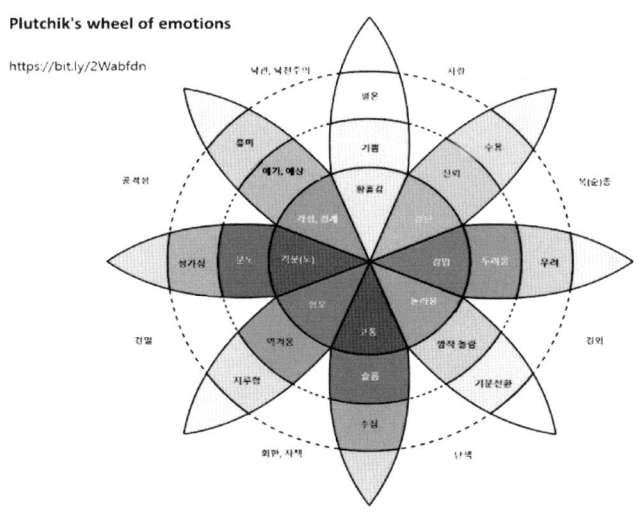

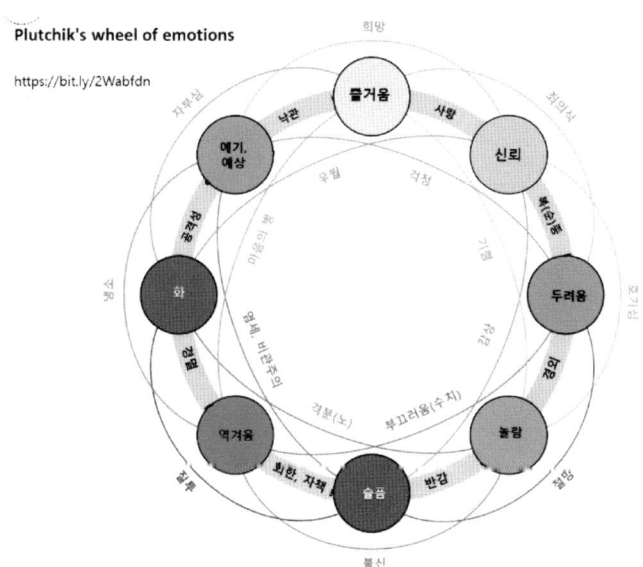

| 행복전략 | 작성법 |

✧ 긍정감정에 라벨링 기본편　　　　1

 작성요소

| 날짜 : 　월　　일　　24:00
| 오늘 하루 중 기쁨, 감사, 설렘과 같은 긍정적인 감정을 느꼈던 순간을 떠올려보세요.
　　　－ 어떤 일이 있었나요? (사건 기록)
　　　－ 그때 어떤 감정을 느꼈나요? (감정 이름 붙이기)

| 감정 라벨링(1~10)

사건	감정이름	강도	느낀점

| 오늘의 통찰
　　　－ 오늘 경험한 긍정적인 감정에서 무엇을 배웠나요?
　　　－ 내일 더 행복한 하루를 위해 어떤 노력을 할 수 있을까요?

✍ 적용하기 - 사례

이** (30세, 마케팅 매니저)
나는 바쁜 일상에서도 작은 행복을 찾고 기록하려는 목표를 가지고 있다. 하루를 마무리하며 긍정적인 감정을 더 선명히 인식하고 표현하기 위해 감정 라벨링 일기를 쓴다.

[날짜] 24. 10. 12, 작성 저녁
[오늘의 사건]
 - 아침 출근길에 날씨가 맑고 상쾌해서 기분이 좋았다.
 - 점심시간에 친했던 전 직장 동료가 찾아왔다. 신나게 이야기를 나눴고 예약한 음식은 정말 맛있었다. 유쾌한 대화를 나누며 웃을 수 있었다.
 - 준비하고 있는 일이 이제 마무리 단계다. 완성이 코앞이다.
 - 퇴근 후 운동을 마치고 몸이 가볍고 상쾌했다.

| 감정 라벨링
 • 기쁨, 사건:동료와의 대화에서 웃으며 스트레스가 풀렸다. / **강도:8/10**
   느낀 점:편안하고 유쾌한 시간이 내 하루의 활력이 되었다.
 • 평온함, 사건:운동 후 몸이 가볍고 상쾌한 상태를 느꼈다. / **강도:7/10**
   느낀 점:신체 활동이 나를 차분하고 균형 있게 만들어줬다

| 오늘의 통찰
 • 동료와 이야기를 하다보니 다른 직장도 비슷하다는 생각이 들었다. 내일은 내 직장에서 최선을 다해야 겠다. 피곤한 몸으로 운동을 갔으나 운동후 상쾌해면서 컨디션이 좋아졌다. 운동하러 간 나를 칭찬한다.

긍정감정에 라벨링 심화편　　2

 작성요소

| 날짜 :　월　　일　　24:00
| 오늘 하루 중 기쁨, 감사, 설렘과 같은 긍정적인 감정을 느꼈던 순간을 떠올려보세요.

　(기본질문)
　　　　- 어떤 일이 있었나요? (사건 기록)
　　　　- 그때 어떤 감정을 느꼈나요? (감정 이름 붙이기)
　(확장질문)
　　　　- 무엇이 이 감정을 일으키는가?",
　　　　- 이런 감정을 느끼는 상황은 보통 언제인가?
　　　　- 00일때, 나는 00라고 느끼는 구나!

| 감정 라벨링(1~10)

사건	감정이름	강도	느낀점	자기질문	패턴파악

| 오늘의 통찰
　　　　- 오늘 경험한 긍정적인 감정에서 무엇을 배웠나요?
　　　　- 내일 더 행복한 하루를 위해 어떤 노력을 할 수 있을까요?

✍ 적용하기 - 사례

전** (38세, IT 엔지니어)
나는 최근 회사에서 IT 솔루션 도입 프로젝트를 맡고 있는 민재는 본부장이 직접 진행 상황을 체크할 만큼 중요한 임무를 맡고 있다. 프로젝트 회의에서 지난밤부터 고민하던 이슈를 떠올리며 한 가지 아이디어를 제안했다. 처음엔 주저했지만, 팀원들이 적극적으로 호응하며 아이디어를 구체화하고 있다. 평소 걱정과 부담이 많았고 소심한 성격이라 나서서 이야기를 하기가 부담스러웠는데 오늘 제안을 한 것은 잘 한 것 같다.

| 감정 라벨링(1~10)
뿌듯함: 팀원들이 내 아이디어를 칭찬하고 문제해결의 가능성을 높게 평가해 준 순간./ 강도 9/10
(기술적 문제를 해결했다는 성취감과 팀원들의 긍정적인 피드백으로 인한 만족감)

| 확장 질문 & 패턴 분석
1. 상황 분석하기
직장에서: 민재는 본부장이 직접 관여하는 중요한 프로젝트에서 부담감을 느끼고 있었다. 그러나 자기 아이디어를 제안하고 팀원들의 긍정적인 반응을 얻은 순간, 민재는 뿌듯함과 자신감을 느꼈다. 이 경험은 민재에게 자신의 기여도가 팀의 성공에 중요한 역할을 한다는 인식을 심어주었다.
2. 감정 연결 고리 찾기
직장 내 성취감: 민재는 아이디어가 받아들여지고 팀의 긍정적

인 반응을 얻었을 때 뿌듯함을 느낀다. 이는 자신의 역량과 아이디어가 인정받는다는 점에서 큰 만족감을 준다.
책임감에서의 해방: 중요한 프로젝트에 대한 부담 속에서도, 긍정적인 피드백이 민재에게 자신감을 심어주었다. 이는 "내가 이 팀의 성공에 기여하고 있다"라는 확신을 키우는 계기가 되었다.

3. 자기 질문하기

무엇이 나를 뿌듯하게 만들었는가? → "팀원들이 내 아이디어에 적극적으로 반응하며 실행 가능성을 높게 평가해 주었다."
왜 이 순간이 특별했는가? → "그동안 말하지 않았던 아이디어를 용기 내어 제안했더니, 팀의 인정과 호응을 받을 수 있었다."

4. 행복 패턴 파악하기

패턴 1: 민재는 직장에서 자기 아이디어가 팀에 긍정적인 영향을 미칠 때 뿌듯함과 성취감을 느낀다.
패턴 2: 책임감으로 인한 부담감을 긍정적인 피드백과 인정으로 해소하며 자신감을 회복한다.

5. 비판단적 태도 유지하기

민재는 자신의 감정을 평가하지 않고 있는 그대로 받아들인다. "이 정도의 성과로 뿌듯해도 될까?"와 같은 의심 대신, "내가 오늘 성취감을 느꼈구나"라고 수용한다.

6. 반복적 연습

매일 저녁, 오늘 하루 동안 느꼈던 행복한 순간을 기록하고 그 감정의 원인과 상황을 분석하는 습관을 들인다. 이 습관은 민재가 더 많은 행복을 인식하고, 그 순간을 의도적으로 계획하는 데 도움을 줄 것이다.

| 오늘의 통찰
나는 동료들에게 응원받을 때, 그리고 팀의 구성원으로서 필요한 존재라고 느낄 때 가장 행복하고 충만함을 느낀다. 앞으로도 팀에 도움이 되는 사람으로 성장해야겠다.

| 행복전략 | 써보기 |

| 날짜   월   일
| 기쁨, 감사, 설렘과 같은 긍정적인 감정을 느꼈던 순간을 떠올려보세요.
    - 어떤 일이 있었나요? (사건 기록)
    - 그때 어떤 감정을 느꼈나요? (감정 이름 붙이기)
| 작성

사건	감정이름	강도	느낀점

| 통찰

02. 더불어 행복해지는 비법 '감사함'

▣ 주변의 모든 것이 가치있게 느껴지는 주문

감사일기는 단순히 매일 감사한 일을 적는 것을 넘어, 삶의 행복감과 만족도를 크게 높이는 강력한 도구이다. 다양한 연구와 사례를 통해 감사일기가 개인의 정서적, 대인 관계적, 심리적 성장을 돕는다는 사실이 증명되었다. 이 글에서는 감사일기의 중요성과 이를 효과적으로 실천하는 방법을 구체적으로 살펴보고자 한다.

✐ 3분 안에 행복의 문을 여는 방법! 감사일기 효과

감사일기는 전반적인 행복감을 증진하는 데 효과적이다. 우리가 매일 감사할 일을 적어나갈 때, 뇌는 긍정적인 경험을 반복적으로 떠올리며 행복 호르몬인 세로토닌 분비를 활성화한다. 이는 하루를 긍정적인 관점에서 되돌아보는 습관을 형성하도록 돕는다.

예를 들어, 한 연구에 따르면 매일 저녁 감사한 일을 적는 습관을 지닌 사람들은 그렇지 않은 사람들보다 삶의 만족도가 높아지고 스트레스 수치가 현저히 낮아졌다고 한다. 이는 작은 감사가 지속적인 행복으로 이어질 수 있음을 보여준다.

긍정적 정서 강화가 된다. 감사일기를 통해 작은 일에도 감사하는 마음을 가지게 되면 긍정적 정서가 강화된다. 우리는 종종 큰일에만 감사해야 한다고 생각하지만, 사실 일상 속 작은 기쁨과 즐거움을 기록할 때 더 큰 행복감을 얻는다.

지금 당장, 감사한 것 3가지를 적어보자!

예컨대, "오늘은 날씨가 좋아 산책을 즐겼다"라는 소소한 기록이 쌓이면, 자신이 얼마나 풍요로운 삶을 살고 있는지를 깨닫게 된다. 감사한 순간들을 되돌아보는 과정은 자기 성찰의 기회를 제공한다. 감사일기를 쓰는 동안 우리는 일상의 긍정적인 측면을 재발견하며, 자신이 무엇을 중요하게 여기는지를 자연스럽게 인식하게 된다. 이는 특히 바쁜 일상에서 자신을 돌아보는 시간을 만들기 어렵다고 느끼는 현대인들에게 효과적이다. 매일 몇 분씩 감사일기를 쓰는 것만으로도 자기 성찰과 정서적 균형을 이룰 수 있다.

또한 대인관계를 개선하는 데도 큰 도움을 준다. 타인에 대한 감사의 마음을 표현하면 자연스럽게 관계의 질이 향상된다. 이는 단순한 말보다 기록을 통해 감사의 마음을 구체화할 때 더 큰 효과를 발휘한다.

예를 들어, 동료가 도와준 일에 대해 감사일기에 적고, 나중에 그 고마움을 직접 전달하면 관계는 더 깊어질 것이다. 또한, 감사일기를 통해 자신이 주위 사람들에게 얼마나 많은 도움을 받고 있는지를 깨닫게 되면, 타인에 대한 신뢰와 애정이 커질 수 있다. 이는 가정, 직장, 친구 관계 등 다양한 사회적 관계에서 긍정적인 영향을 미친다.

구체적으로, "오늘 동료가 프로젝트의 어려움을 해결하는 데 도움을 주었다"라고 적고, 그 감사함을 동료에게 직접 표현하거나 메시지로 전달하면, 상대방 역시 더 깊은 신뢰와 유대감을 느끼게 된다. 이러한 반복적인 행동은 대인관계에서 서로를 더 존중하고 배려하는 문화를 형성할 수 있다.

또한 감사일기는 스트레스를 줄이는 데도 효과적이다. 우리의 뇌는 부정적인 경험에 더 민감하게 반응하지만, 감사일기를 쓰면 긍정적인 측면에 초점을 맞출 수 있어 스트레스와 불안감이 줄어든다.

예를 들어, 힘든 하루를 보냈더라도 그날 감사했던 작은 일을 떠올리며 기록하면 스트레스가 완화되고 마음이 차분해지는 것을 경험할 수 있다.

📝 감사일기 : 작지만 강력한 변화의 시작

- **신경생리학적 효과 : 감사는 몸의 조화를 이룬다**

  감사하는 마음은 단순한 감정이 아니라, 신체와 마음에 긍정적인 변화를 불러오는 강력한 도구이다. 하트매스 연구소(HeartMath Institute)의 연구에 따르면, 감사의 감정은 심장 박동, 호흡, 혈압 등의 생리적 리듬을 규칙적이고 안정적으로 만든다. 이는 스트레스를 감소시키고, 신체 기능의 균형을 유지하며, 자율신경계의 안정화를 통해 웰빙을 증진시킨다. 또한 감사는 코르티솔(스트레스 호르몬)의 분비를 억제하고 옥시토신(사회적 유대 호르몬)을 활성화하여 전반적인 스트레스 관리와 정서적 안정에 기여한다. 이러한 효과는 심장 일관성(coherence)이라는 생리적 상태를 유도하며, 면역력 강화와 심리적 안정감을 제공한다.

- **인지적 재구조화 : 긍정적인 사고의 습관을 만든다**

  감사일기는 우리의 사고 패턴을 긍정적으로 바꾸는 강력한 도구이다. 매일 감사할 일을 찾아 기록하는 과정은 긍정적인 사건에 주목하는 습관을 강화하며, 뇌의 신경회로를 긍정적 자극에 민감하게 반응하도록 재구조화한다(Emmons, 2003). 감사일기를 작성한 사람들이 그렇지 않은 사람들에 비해 더 높은 수준의 긍정적 정서와 삶의 만족도를 경험했음을 보여준다. 이는 인지행동치료(CBT)의 재구조화 기법과 유사하게, 부정적인 사고를 긍정적인 방향으로 변화시키는 데 기여한다.

- **사회적 유대감 강화 : 더 따뜻한 관계를 만든다**

감사는 타인과의 관계를 더욱 돈독하게 만든다. McCullough등의 연구에 따르면, 감사 성향이 높은 사람은 더 많은 친사회적 행동을 보이며, 이는 대인관계를 개선하고 더 깊고 의미 있는 관계를 형성하게 한다. 감사일기를 통해 자신이 받은 도움과 타인의 친절을 기록하는 습관은 공감과 신뢰를 촉진하며, 사회적 지지 네트워크를 강화하고 정서적 웰빙을 증진한다.

- **긍정적 정서 활성화 : 행복감을 키운다**

감사일기의 꾸준한 실천은 긍정적 정서를 증진시키고, 우울증 증상 개선에도 효과적이다. 마틴 셀리그만(Martin Seligman)교수의 연구는, 감사일기가 정기적으로 긍정적 정서를 활성화하여 우울감을 감소시키고 행복감을 증가시킨다는 사실을 보여준다. 감사일기를 통해 긍정적인 감정을 더 자주 경험하면, 뇌의 긍정적 정서 회로가 활성화된다. 이는 삶의 밝은 면에 주목하게 하며, 전반적인 심리적 회복력과 행복감을 높인다.

감사일기는 단순한 기록이 아니다. 이는 신체적, 심리적, 사회적 웰빙을 동시에 높이는 강력한 도구이다. 하루 한 술이라노 감사일기를 써보는 작은 실천은, 당신의 삶에 강력한 변화를 불러올 수 있다. 지금부터 시작해보자.

📝 감사일기 쓰기의 실천 방법

- **매일 일정 시간 정하기**

감사일기를 꾸준히 쓰기 위해서는 매일 일정한 시간을 정하는 것이 중요하다. 일반적으로 하루를 마무리하는 저녁 시간이 적합하다. 이 시간은 하루를 되돌아보며 감사할 일을 기록하기에 이상적이다.

예를 들어, 잠들기 전 10분 동안 침대 옆에서 작성하는 것을 추천한다.

- **구체적으로 기록하기**

감사일기를 쓸 때는 가능한 한 구체적으로 기록하는 것이 좋다. 단순히 "오늘 행복했다"라고 적는 대신, "오늘 아침에 동료가 커피를 사줘서 기뻤다"처럼 구체적으로 적으면 그 경험이 더 생생하게 느껴진다.

- **한정된 개수 적기**

하루에 3~5가지 감사한 일을 적는 것을 목표로 한다. 너무 많거나 적지 않게 균형을 유지한다.

- **소소한 감사부터 시작하기**

처음 감사일기를 쓸 때는 너무 거창한 일을 찾으려 하지 않아도 된다. 일상 속 사소한 일, 예컨대 따뜻한 햇살, 맛있는 식사, 친절한 인사 등도 충분히 감사의 대상이 될 수 있다.

- **감정을 함께 표현하기**

  단순히 사건을 나열하는 것이 아니라, 그 순간 느꼈던 감정을 함께 적는 것이 중요하다. "따뜻한 햇살 아래 걷는 동안 평온함을 느꼈다"와 같이 감정을 적으면 감사의 깊이가 더욱 풍성해진다.

- **감사 표현 확장하기**

  감사일기에 적은 내용을 실제로 표현하는 것도 중요하다. 예를 들어, 감사일기에 적은 내용을 토대로 감사 편지를 쓰거나 직접 감사 인사를 전하면, 자신의 행복뿐만 아니라 상대방의 행복도 커진다.

- **미래에 대한 감사도 포함하기**

  내일 있을 발표가 잘될 것을 기대하며 감사하다"와 같이 미래에 대한 긍정적 기대를 포함하는 것도 좋다.

  끝으로 감사일기를 가족, 동료와 함께 나누는 것도 추천된다. 이를 통해 서로의 긍정적인 경험을 공유하며 대화를 나눌 수 있고, 관계가 더욱 돈독해질 수 있다.

✎ 감사일기! 어떻게 쓸까?

감사일기는 단순한 기록 이상의 힘을 가지고 있다. 이에 체계적인 접근을 통해 더 풍성하고 깊이 있는 감사의 순간을 만들어보자. 이 글에서는 감사일기를 쓰는 구체적인 전략과 세부적인 지침을 제시한다.

- **감사일기를 위한 전략**

카테고리별로 나누어 작성하기 다양한 감사의 주제를 설정해 폭넓은 시각으로 삶을 바라보는 연습을 한다. 다음은 카테고리별로 나눌 수 있는 예이다. 분류를 하면 감사한 것들이 다양하게 떠오른다.

> **물질에 대한 감사** : "오늘 필요한 물건을 쉽게 구매할 수 있어서 감사하다."
>
> **장소에 대한 감사** : "카페에서 조용히 책을 읽을 수 있는 시간이 주어져 감사하다."
>
> **자연에 대한 감사** : "맑은 하늘과 따뜻한 햇살 덕분에 기분이 좋았다."
>
> **관계에 대한 감사** : "친구가 내 이야기를 진심으로 들어줘서 고마웠다."
>
> **자기 자신에 대한 감사** : "오늘 주어진 일을 끝까지 해낸 나 자신에게 감사한다."

- **감사의 깊이 확장하기**

    단순한 기록을 넘어 감사의 감정을 확장하도록 노력한다. 예를 들어, "오늘 동료가 도와줘서 고마웠다"를 "동료가 바쁜 와중에도 내 일을 도와준 덕분에 큰 부담을 덜 수 있었다. 그의 배려심에 감동했다"로 구체화한다.

- **긍정적인 패턴 인식하기**

    일기를 쓰면서 반복적으로 등장하는 감사의 순간을 찾아내고 이를 강화한다. 예컨대, 자연에 감사하는 일이 많다면 주말 산책을 계획하며 감사의 기회를 늘릴 수 있다.

- **감사 표현 실천하기**

    감사일기에 적은 내용을 실제로 표현한다. 가족이나 친구에게 감사 편지를 쓰거나, 직접 고마움을 전하는 것은 대인관계의 질을 높이는 데 매우 효과적이다.

∽ 감사 대상	다양한 감사 (예시)
물질에 대한 감사	내가 좋아하는 책을 서점에서 할인된 가격으로 구매할 수 있어서 감사했다. 오늘 사용할 새 노트북이 문제없이 작동해서 업무가 순조롭게 진행되었다.
장소에 대한 감사	공원에서 산책하며 평화로운 시간을 보낼 수 있어서 감사하다.
자연에 대한 감사	비가 오락가락했지만, 덕분에 공기가 맑아져서 상쾌함을 느꼈다.
관계에 대한 감사	오늘 오랜만에 친구와 통화하며 소식을 나눌 수 있어 감사했다.
자기 자신에 대한 감사	긴장했지만 발표를 잘 마무리한 내 자신이 자랑스럽다.

감사일기는 단순히 행복한 일을 기록하는 것이 아니라, 자신의 삶을 다시 돌아보고 소중함을 되새기는 중요한 도구이다. 오늘부터라도 다양한 카테고리별로 감사일기를 작성해보자. 꾸준히 이어진 작은 노력이 우리 삶에 놀라운 변화를 가져다줄 것이다. 물론 3줄 쓰기 또한 좋은 방법이다. 단 5분의 시간을 내어 감사한 것들을 키워드로 작성해도 좋다. 중요한 것은 감사한 것들을 떠올려보는 시간을 갖는 것이다.

행복전략 작성법

✧ 감사일기 쓰기　　　　　　　　　1

✍ **작성요소**

| 날짜 :　월　　일　　24:00
| 오늘 나에게 감사했던 것들이 무엇이 있었나요?
　　- 소중한 물건이나 환경은 무엇인가?
　　- 도움을 준 사람은 누구인가? 그들의 행동이 어떤 영향을 주었는가?

| 감사종류

감사대장	감사한 내용	느낀점
물질		
장소		
자연		
관계		
나에게		

| 오늘의 통찰
　　　- 오늘 감사는 오늘을 어떻게 만들어줬나요?

✍ 적용하기 사례

최** (50세, 학원강사)

오늘은 정말 감사한 일들이 많았던 하루였다. 아침에 학원에 도착하자마자 학부모님이 주고간 간식이 있었다. 학생 성적이 향상되어 감사하다는 쪽지와 함께 하루를 기분 좋게 시작할 수 있었다. 수업 중에는 한 학생이 수업 준비를 열심히 해와서 수업이 순조롭게 진행되었다. 아이가 질문에 자신감을 가지고 답변하는 모습을 보며, 내가 하는 일이 참 보람 있다는 생각이 들어 감사했다.

| 감사 대상 정리
  • 물질에 대한 감사
학부모가 준 간식과 감사 쪽지: "학부모님이 주고 간 간식이 있었다. 성적 향상에 감사한다는 쪽지와 함께였다."
  < 분석 > 물질적 지원이나 선물이 감사의 중요한 대상이 될 수 있으며, 이러한 작은 물질적 요소는 기쁨과 위안을 준다.
  • 관계에 대한 감사
학부모와 동료 강사: "아침에 동료 강사가 커피를 건네주며 힘내라고 격려해줘서 하루를 기분 좋게 시작할 수 있었다."
학생의 자신감 있는 답변: "아이가 질문에 자신감을 가지고 답변하는 모습을 보며, 내가 하는 일이 참 보람 있다는 생각이 들어 감사했다."
  < 분석 > 인간관계에서 받는 배려와 성취감은 관계 중심의 감사로 이어지며, 이는 대인관계 개선에 긍정적 영향을 미친다.

| 오늘의 통찰
: 내가 하는 일에 자부심을 느끼며 일할 수 있어 행복하다.

행복전략 작성법

| 날짜   월   일
| 오늘 나에게 감사했던 것들이 무엇이 있었나요?
| 작성

감사대장	감사한 내용	느낀점
물질		
장소		
자연		
관계		
나에게		

| 통찰

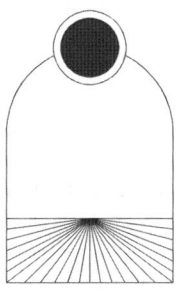

THE GROWN-UP'S DIARY

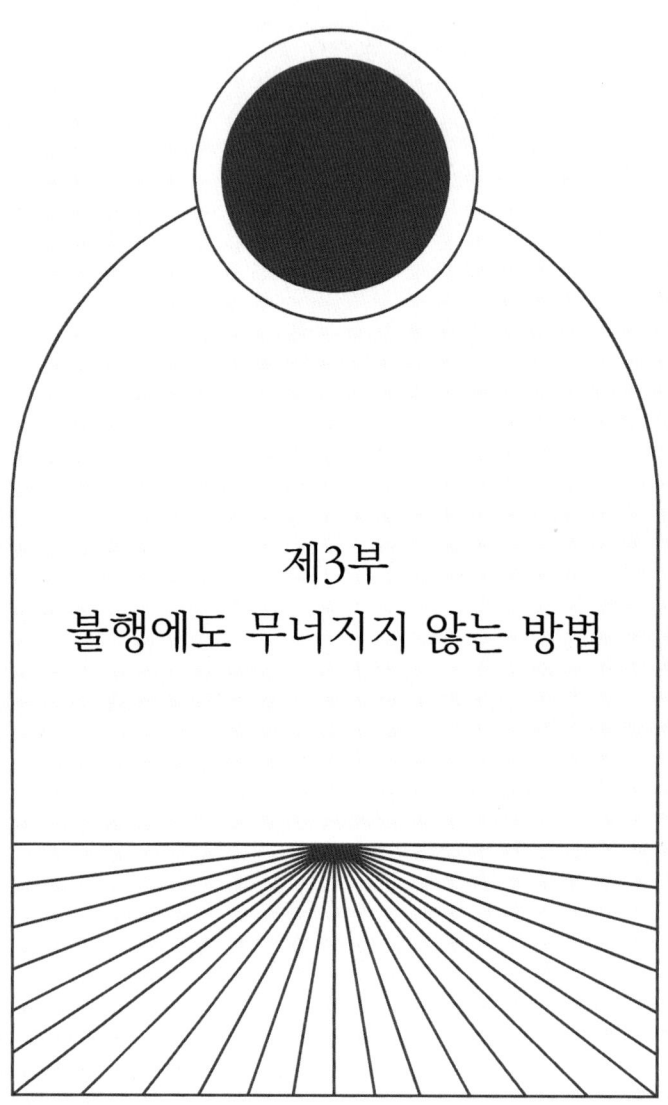

제3부
불행에도 무너지지 않는 방법

제 3 부

불행에도 무너지지 않는 방법

상황을 벗어나고 싶다면
제3의 시선으로 상황을 관찰하라.
갈등이나 실수를 되짚어보는 과정을 통해 '무너짐' 대신 '재징미'를
선택할 수 있게 된다.

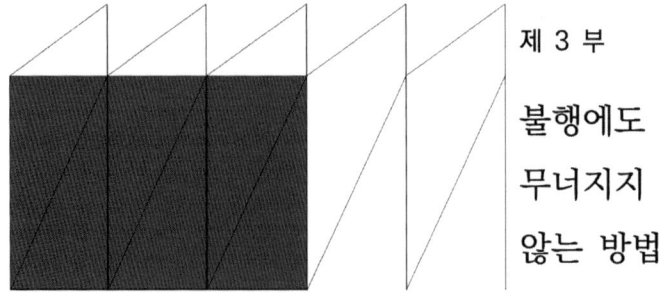

제 3 부
불행에도 무너지지 않는 방법

불행에서 빠져나오는 극복 전략 : 수비강화 50%

우리는 어른이 되면서 삶의 여러 전선에서 '공격'을 받는다. 일터에서는 잦은 갈등과 과중한 책임이, 가정에서는 자녀 양육과 가족 문제가, 인간관계에서는 실망과 오해가 끊임없이 우리의 내면을 흔들어 놓는다. 나이가 들면서 경험이 쌓이고 상황을 빠르게 파악하는 능력은 늘지만 상처도 겹겹이 쌓여 방어막 얇아지기도 한다.

한 번쯤은 "나는 왜 이렇게 우울해지고 쉽게 흔들리는 걸까?"라고 자책해 본 적이 있을 것이다. 이럴 때 필요한 것은 바로 수비 전략으로 감정적으로 무너지지 않고 자신을 지키는 '심리적 방어전략'이 필요하다.

어른으로 사는 삶은 여전히 성장의 기회와 희망이 가득하지만, 그 과정에서 예기치 못한 불행이나 충격이 닥치기도 한다. 중요한 것은 '불행 그 자체'를 없애 버리겠다는 비현실적 기대가 아니라, 자신을 스스로 지키고 다시 일어설 방법을 익히는 것이다. 감정을 통제하지 못해 괴로워하거나 주저앉아 시간을 허비하다 더 큰 갈등에 휘말리는 경우도 많다. 이때 상황을 정확하게 판단하기 위한 첨삭일기, 불안을 해소하기 위한 걱정일기, 자책이 아닌 다음을 대비하는 실수일기가 필요하다. 특히 '제3자 시점 기법' 같은 수비전략은 불행을 피해 갈 수는 없어도 낙담과 절망에서 빠져나오지 못하는 상황을 막아준다.

이 장에서는 우리가 흔히 간과했던 '수비전략'의 필요성과 실제 활용 방안을 다룬다. 일기는 단지 감정을 쏟아놓는 통로가 아니라, 객관적인 시선으로 자신을 바라보게 해주는 강력한 도구다. 감정과 사실을 분리하고, 제3자 입장에서 갈등이나 실수를 되짚어보는 과정을 통해 '무너짐' 대신 '재정비'를 선택할 수 있게 된다.

수비와 방어의 관점을 제대로 이해하고 습관화한다면, 불행이 찾아왔을 때 휩쓸리지 않고 '다시 일어서는 힘'을 마련할 수 있다.

첨삭일기를 통해 자신을 객관화하고 거리 두기를 실천하며 상황을 분석한다면 분명 현명한 결정을 내릴 수 있다. 적어도 나 자신을 두 번 죽이지 않기를 바란다.

01. 상황에서 빠져나오기 '제3자 시점'

극심한 갈등에서 벗어나게 해준 '제3자 시점' 기법

삶은 갈등과 충돌의 연속이다. 직장에서의 의견 차이, 가정에서의 오해, 혹은 예상치 못한 사건으로 인해 우리는 종종 자신의 감정과 상황에 사로잡히게 된다. 그러나 이런 순간일수록 '제3자 시점'으로 상황을 바라보는 것이 중요하다.

예를 들어, 직장에서 동료와의 갈등이 있을 때, 그 상황을 첨삭일기로 기록해 본다면 이야기가 달라진다. 상황을 단순히 "내가 피해자이고 상대는 가해자"라고 정의하는 대신, "제3자"의 입장에서 양쪽의 의견과 행동을 객관적으로 관찰하는 연습을 한다. 이는 갈등을 더 명확히 이해하고, 감정을 내려놓을 기회를 제공한다.

제3자 시점을 적용했을 때 놀라운 점은, 자신이 과도하게 반응했음을 깨닫거나 상대방의 의도를 오해했음을 발견할 수 있다는 것이다. 이 과정을 통해 우리는 갈등 상황에서 벗어나 새로운 해결책을 찾을 가능성을 높일 수 있다.

🖉 사건과 감정을 분리해 바라보는 힘

첨삭일기의 핵심은 사건과 감정을 분리하는 데 있다. 사람들은 종종 사건 자체와 자신의 감정을 혼동하곤 한다. 하지만 사건은 객관적이고 불변하는 반면, 감정은 주관적이고 가변적이다. 이를 분리하여 기록하면 자신을 감정의 소용돌이에서 벗어나게 할 수 있다.

예를 들어, 친구가 약속을 어긴 상황을 떠올려보자. "친구가 약속을 어겼다"라는 사실은 변하지 않지만, "나는 배신감을 느낀다"라는 감정은 내가 상황을 어떻게 해석하느냐에 따라 달라질 수 있다. 첨삭일기는 이 두 가지를 분리하여 기록하도록 돕는다.

"친구가 약속을 어긴 상황"과 "내가 느낀 배신감"을 따로 적어봄으로써, 상황을 객관적으로 재평가할 여지를 제공한다. 감정과 사건을 분리하면 우리는 감정의 노예가 아닌 주인이 될 수 있다.

- **불행에 빠지지 않고 빠져나올 수 있는 사고방식**

불행은 누구에게나 찾아온다. 그러나 그 불행에서 얼마나 빨리 빠져나오느냐는 우리의 사고방식에 달려 있다. 첨삭일기를 활용하면 "왜 나에게 이런 일이?"라는 희생자 사고에서 벗어나, "이 상황에서 내가 배울 수 있는 것은 무엇인가?"라는 성장 지향적 사고로 전환할 수 있다.

예를 들어, 갑작스러운 실직을 경험한 한 독자는 첨삭일기를 통해 상황을 기록하고 제3자 관점에서 자신의 커리어를 재평가했다. 그는 실직이라는 사건을 단순히 "불행"으로 간주하지 않고, 자신에게 더 적합한 직업을 탐색할 기회로 삼았다. 이는 단순한 기록의 힘이 아니다. 첨삭일기를 통해 사고방식을 바꾼 결과다.

🖋 사건과 감정 분리하고 대안 찾기 : 4단계 프로세스

- 1단계 - 사건 기술: 사실 그대로 적기

  첨삭일기의 첫 단계는 "사건 자체"를 기록하는 것이다. 이 단계에서는 자신의 주관적인 감정이나 해석을 배제하고, 객관적인 사실만을 적는다. 예를 들어, 동료와의 언쟁이 있었다면 다음과 같이 기록할 수 있다.

  날짜와 시간: 2025년 1월 25일, 오전 10시
  장소: 회의실
  사건: 동료가 내 제안을 비판하며 높은 목소리를 냈다.
  이처럼 사건을 구체적으로 기록하는 것은 감정을 분리하고 상황을 명확히 파악하는 첫걸음이다.

- 2단계 - 제3자 관찰: "타인은 어떻게 볼까?"

  두 번째 단계는 사건을 '제3자'의 시선으로 재구성하는 것이다. 여기서는 "만약 다른 사람이 이 사건을 본다면 어떻게 해석할까?"라는 질문을 던진다.

예를 들어, "동료가 내 제안을 비판했다"라는 사건에 대해 다음과 같이 적어볼 수 있다.

제3자 관점에서 보면 동료는 단순히 자신의 의견을 말한 것일 수 있다. 그가 높은 목소리를 낸 것은 긴장된 상황 때문일지도 모른다. 이 과정은 자신의 감정적 반응에서 벗어나 사건을 더 객관적으로 바라볼 수 있게 한다.

- **3단계 -내 감정·생각 명료화: 비난·실망·분노 등 구체적 라벨링**
세 번째 단계는 자신의 감정과 생각을 명료하게 표현하는 것이다. 이때 구체적인 감정 단어를 사용하면 자신이 무엇을 느끼는지 더 명확히 이해할 수 있다.

예를 들어: (감정) 나는 동료의 비판에 실망하고, 약간의 분노를 느꼈다.
(생각) 내 제안을 충분히 검토하지 않고 비판했다는 점이 불공정하다고 느꼈다.

이 단계는 감정을 억누르는 대신, 그것을 인정하고 표현하도록 돕는다. 이는 감정의 흐름을 자연스럽게 받아들이는 데 큰 도움이 된다.

- **4단계 - 통찰 & 대안 찾기: 향후 대처 전략 수립**

  마지막 단계는 통찰을 통해 대안을 찾는 것이다. 여기서는 "이 상황에서 무엇을 배울 수 있는가?"와 "앞으로 어떻게 대처할 것인가?"를 기록한다.

  예를 들어: (통찰) 동료와의 갈등은 내 제안의 설득력을 높이는 기회가 될 수 있다. 그는 내 아이디어를 무조건 반대하는 것이 아니라 더 나은 방안을 고민하고 있었을 수도 있다.
  (대안) 다음 회의에서는 내 제안을 더 구체적으로 준비하고, 동료의 의견을 적극적으로 수용하겠다.

  우선, 직장에서의 갈등을 해결한 경험을 공유했다. 그는 처음에는 상사의 비판을 불공정하다고 느껴 분노했지만, 첨삭일기에 이를 기록하면서 자신의 감정을 객관화했다. 이후 상사의 비판이 자신을 향한 악의가 아니라 프로젝트를 개선하려는 의도였음을 깨달았다. 이를 바탕으로 그는 상사와 더 열린 소통을 시도했고, 결과적으로 프로젝트를 성공적으로 마무리할 수 있었다.

  첨삭일기는 단순히 기록하는 것을 넘어, 우리에게 상황을 재구성하고 긍정적으로 전환할 힘을 준다. 그것은 불행에도 무너지지 않는 단단한 방어막과 같다. 이 과정을 통해 우리는 단순히 감정을 해소하는 것을 넘어, 구체적인 해결책을 찾아내고 성장을 도모할 수 있다. 위와 같은 사례를 살펴본다면 첨삭일기는 있는 그대로를 쓰고 그것을 스스로 첨삭한다고 생각하며 제3의 시선으로 확인하는 것이다. 빨간펜 선생님이 직접 되어 보는 것이다. 이를 위해 객관화하는 방법이 필요하다.

✏ 제3자 시점으로 객관성을 올려라

제3자 시점은 자기 이해와 허용에 매우 효과적인 도구가 될 수 있다. 이 방법은 자기 연민의 핵심 요소인 객관성과 친절함을 강화하는 데 도움을 준다.

- **객관적 관점 제공**

제3자 시점을 통해 자신의 상황을 마치 다른 사람의 일처럼 바라볼 수 있다. 이는 "나의 실패를 자연스러운 것으로 받아들이려고 노력한다"라는 자기 연민의 원칙과 일치한다.

(방법) 관찰자 시점을 유지해 본다. 마치 다른 사람의 일을 관찰하듯이 자기 행동과 감정을 서술한다.

예를 들어, 오늘 그녀는 상사에게 과하게 혼이 나서 매우 힘들어 보였다.

- **감정적 거리 두기**

자신을 '그' 또는 '그녀'로 지칭함으로써, 고통스러운 일이 발생했을 때 상황을 균형 있게 보려고 노력한다. 자신을 3인칭으로 지칭하며 글을 써본다. 자기 연민의 태도를 더 쉽게 취할 수 있다.

(방법) '나'를 '그' 또는 '그녀'로 치환하여 작성한다. 예를 들어, "나는 오늘 힘들었다." 대신 "그녀는 오늘 힘들어했다"로 표현해 본다.

- **자기비판 감소**

    제3자 시점은 "나의 결점과 부족함을 비난하고 비판한다"라는 부정적인 자기 대화를 줄이는 데 도움이 된다.

    (방법) 판단 없이 관찰하기는 한다. 자기 행동이나 감정을 비판하지 않고, 있는 그대로 관찰하고 기록한다.

- **보편적 인간성 인식**

    자기 경험을 외부에서 바라봄으로써, "나의 부족함을 떠올릴 때 내가 세상과 단절됐다고 느낀다"라는 고립감을 줄일 수 있다.

- **친절한 자기 대화 촉진**

    제3자 시점은 "정신적으로 고통을 느낄 때 나 자신을 사랑하려고 노력한다"라는 자기 연민의 실천을 쉽게 합니다.

    (방법) 감정에 집중해서 작성한다. 그날의 감정과 그에 대한 반응을 중심으로 기록한다.

만약, 5가지가 잘 안된다면 가장 강력한 질문이 있다.

이렇게 스스로에게 물어라!

"비슷한 일을 친구가 겪고 있다면 뭐라고 말해줄 것 같나요?"

이 질문은 자신의 상황을 더 넓은 관점에서 바라볼 수 있도록 돕고, 자기 자신에게도 친절하게 대하는 법을 배우게 한다. 종종 우리는 남들에게는 관대하면서도, 스스로에게는 지나치게 철저하고 완벽을 요구하는 경우가 있다. **만약 당신이 그런 사람이라면**, 이 질문을 떠올려보세요.

<u>친구에게 따뜻한 위로와 격려를 건넬 수 있다면, 당신 자신에게도 같은 친절을 베풀어야 하지 않을까요?</u>

02. 비난을 멈추고 나를 일으키는 힘

나를 무장해 줄 논리 찾기, 첨삭일기

불행이 찾아왔을 때, 어떻게 대처할 것인가? 어른의 삶은 예고 없이 들이닥치는 불행과의 싸움 속에서 단단해진다. 하지만 불행이 올 때마다 무너지고 헤어 나오지 못한다면, 삶의 균형은 쉽게 깨지고 만다. 특히, 감정의 소용돌이 속에서는 판단이 흐려지고, 냉정함을 잊어버리기 십상이다. 그렇다면, 이런 상황에서 우리는 어떤 도구를 사용할 수 있을까?

첨삭일기는 바로 이러한 순간에 우리를 구해줄 강력한 무기이다. 첨삭일기는 단순히 감정을 기록하는 것을 넘어, 사건과 감정을 분리하고 제3자의 시선으로 자신을 바라보도록 돕는다. 이를 통해 우리는 불행을 지나치게 개인화하거나 극대화하는 오류를 피하고, 문제를 더욱 객관적으로 파악할 수 있다.

✎ 첨삭일기 언제 필요한가?

우리의 삶은 불확실성과 예기치 못한 사건들로 가득하다. 사랑하는 사람과의 갈등, 직장에서의 실패, 건강 문제 등은 어느 순간 우리의 삶을 흔들어 놓을 수 있다. 많은 사람은 이런 불행의 순간에 무너져버리거나, 지나친 자기 비난으로 고통을 더욱 심화시킨다. 하지만 불행은 우리가 통제할 수 없는 사건일지라도, 그것을 대처하는 방식은 우리의 선택에 달려 있다. 그리고 이때 필요한 것이 바로 객관적 시선과 회복탄력성이다.

첨삭일기는 그 시작점이 된다. 사건을 객관적으로 기록하고, 감정의 파고를 낮추며, 본질을 들여다볼 수 있는 힘을 제공하기 때문이다. 이는 마치 소음 속에서 노이즈 캔슬링 이어폰을 끼는 것과 같다. 소음을 제거하면 비로소 들리지 않던 중요한 소리가 명확히 들려오듯, 첨삭일기는 불행의 소음을 잠재우고 문제의 핵심에 집중할 수 있도록 돕는다.

· **첨삭일기란?**

첨삭일기는 특정 사건이나 결정에 대해 자신과 타인의 관점을 분석하고, 이를 바탕으로 자기 생각이나 행동을 수정·보완하는 과정을 기록하는 일기이다. 감정에 치우치지 않고, 상황을 객관적으로 바라보며 성장할 수 있는 기회를 제공하는 자기 성찰 도구이다.

- **어떤 상황에서 가장 효과적인가?**

    갑작스러운 충격적 사건 : 이별, 해고, 예상치 못한 실패 등 감정이 폭발하는 순간, 첨삭일기를 통해 냉정함을 되찾을 수 있다.
    장기적인 갈등 상황 : 가족 간의 갈등, 직장 내 문제 등 첨삭일기를 통해 사건의 구조와 본질을 파악하고, 해결책을 모색할 수 있다.
    자신에 대한 비난이 극대화되는 순간: "내 탓이야"라는 생각이 반복될 때 반드시 멈추고 첨삭일기를 써야 한다. 과도한 자기 비난에서 벗어나 더욱 균형 잡힌 관점을 제공한다.

    불행을 피할 수는 없다. 하지만 불행에 휘둘릴 것인지, 불행을 넘어서 자신을 성장시킬 것인지는 우리의 선택이다. 첨삭일기는 단순한 기록 도구가 아니라, 당신의 삶을 다시 일으켜 세울 수 있는 든든한 버팀목이다. 오늘부터 당신의 하루에 첨삭일기를 더해보라. 그 작은 습관이 당신의 삶을 지켜줄 방패가 될 것이다.

✎ 첨삭일기 쓰는 절차

- **사건 기록하기**

    발생한 사건이나 상황을 구체적으로 기록한다. 누가, 언제, 어디서, 무엇을, 왜, 어떻게 일어났는지 작성하며 가능한 한 사실에 근거하도록 한다.

> 예: 회의 중 내가 제안한 아이디어가 거절되었고, 이후 나는 방어적인 태도를 보였다.

- **사실과 감정 분리하기**

  사건에 대한 사실과 자신의 감정을 분리해서 작성한다.

  사실: 실제로 발생한 객관적 사건.

  감정: 사건으로 인해 느꼈던 주관적 감정.

  예: 사실: 팀원들이 내 제안을 수용하지 않았다. 감정: 무시당했다는 느낌과 좌절감을 느꼈다.

- **타인의 관점 분석하기**

  타인의 관점에서 이 사건을 어떻게 보았을지 상상하고 기록한다. 그들이 어떤 이유로 특정 행동을 했을 가능성이 있는지 객관적으로 검토한다.

  예: "팀원들은 내 아이디어가 구체적이지 않고 실행 가능성이 작다고 생각했을 수 있다."

- **사실 여부 검토하기**

  자신의 해석이나 감정이 사실과 얼마나 부합하는지 검토한다. 감정에서 나온 추측이나 과장을 줄이고, 객관적 근거를 찾는다.

  예: "팀원들이 내 아이디어를 비난하거나 무시한 것은 아니었으며, 현실적인 문제를 지적했을 가능성이 높다."

- **문제점 및 개선점 찾기**

    자기 행동이나 태도에서 부족했던 점과 개선할 부분을 점검한다. 자신의 해석이 잘못되었다면, 이를 바로잡고 앞으로 나아갈 방법을 찾는다.

    예: "내 제안이 구체적이지 않았고, 데이터를 뒷받침하지 못한 점이 문제였다."

- **수정 및 보완 계획 세우기**

    비슷한 상황이 다시 발생했을 때 어떤 방식으로 대처할지 구체적인 실행 계획을 작성한다.

    예: "다음 회의에서는 데이터를 기반으로 제안을 준비하고, 거절되더라도 긍정적으로 피드백을 수용하겠다."

- **첨삭과 배운 점 요약하기**

    이번 경험을 통해 배운 점과 첨삭 과정을 통해 수정한 부분을 정리한다.

    예: "사실과 감정을 분리해 생각하니 팀원들의 피드백이 도움이 될 수 있다는 것을 알게 되었다. 열린 마음으로 피드백을 받아들이는 연습을 해야겠다."

첨삭일기는 사실과 감정을 구분하고, 자신의 관점을 객관화하며, 문제를 개선할 수 있는 실질적인 도구이다. 꾸준히 작성하면 자기 성찰 능력과 상황 대처 능력을 높일 수 있다.

✐ 첨삭일기 작성 시 주의 : 자기비판 멈추기

삶에서 실수나 실패를 경험할 때, 우리는 종종 자신을 비판하거나 공격하는 경향이 있다. 이는 자존감이 낮은 사람들에게만 나타나는 특성이 아니라, 누구에게나 흔히 일어나는 반응이다. 하지만 이런 반응이 지나치거나 오래 지속된다면, 우리의 마음과 삶에 부정적인 영향을 미친다. 우리는 때때로 자신을 가장 큰 적으로 삼는다. 과거의 실수나 실패를 떠올리며 자신을 비난하고 공격할 때, 우리 내면의 힘은 약해지고, 그 자리를 무력감과 좌절로 채운다. 하지만 자기비판을 멈추고 자기연민과 자기 객관화를 통해 새로운 관점을 받아들이면, 우리는 자신을 지키고 회복할 수 있는 강력한 방어막을 세울 수 있다. 자기비판은 스트레스와 불행의 수준을 높이고, 해야 할 일을 미루는 마음을 키우며, 결국 미래의 목표를 성취할 수 있는 능력마저 약화한다. 한 번 실패한 자신을 믿지 못하게 되면서, 새로운 도전조차 두려워지는 것이다. 이런 악순환 속에서 우리는 점점 더 자신을 가두게 된다.

그렇기에 이제는 선택의 전환이 필요하다.

먼저, 첫째 감정과 사건의 분리 하세요.

자기 객관화는 문제해결의 시작입니다. 우리는 일기를 통해 단순히 감정을 쏟아내는 것을 넘어, 사건과 감정을 분리해 객관적으로 바라보는 연습을 할 수 있습니다.

예를 들어, 친구와의 약속을 어긴 경험이 있다고 해봅시다. 이 사건을 기록하면서, "친구가 약속을 어겼다"라는 사실과 "나는 배신감을 느낀다, 나에게는 진정한 친구가 없다. 나를 함부로 한다."라고 생각이 들었다면 이때의 감정을 명확히 구분해 적어봅니다. 이를 통해 우리는 사건의 본질을 더 명확히 이해하고, 감정에 휘둘리지 않을 수 있습니다. 이 과정은 자기연민과 결합 되었을 때 더욱 강력해집니다.

자기연민(self-compassion)은 어려운 상황에서 자신을 비난하거나 지나치게 몰아세우는 대신, 따뜻하게 이해하고 돌보는 태도를 말한다. 이는 제3자 시점으로 둘 다 자기 경험을 더 객관적으로 바라보게 하며, 감정의 소용돌이에서 벗어나 이성을 되찾게 한다는 점에서 공통점이 있다. 비난 대신 이해를 하며 자신을 과도하게 비난하지 않도록 돕고, 자기연민을 통해 그 비난을 따뜻한 자기 돌봄으로 전환하게 한다.

둘째, 현재 순간에 집중하세요.

현재 순간에 주의를 기울이는 것은 과거의 실수나 미래의 걱정에서 벗어나 자책으로 인한 부정적 반추를 줄여줍니다.

예를 들어, 호흡이나 명상 또는 바디 스캔을 통해 자신의 신체 감각과 호흡에 집중하면서 부정적 감정인 자책으로 인한 과도한 생각에서 벗어납니다.

셋째, 판단하지 않고 받아들이기

핵심은 자기 생각과 감정을 판단 없이 그대로 받아들이는 것이다. 이를 통해 자책감을 단순히 "지금, 이 순간 내가 느끼는 감정"으로 인식하고, 자신을 비난하는 대신 상황을 객관적으로 바라볼 수 있다.

예를 들어, "내가 왜 이렇게 했을까?"라는 비판적 생각이 들 때, 그 생각을 억누르기보다는 "지금 이런 생각이 떠오르고 있구나"라고 인정하며 내려놓는 연습을 할 수 있다.

넷째, 자비와 친절 연습

자신에게 친절하고 자비로운 태도를 가지도록 돕는다. 자애 명상(Loving-Kindness Meditation) 같은 기법을 활용하면, 자신에게 위로와 격려의 메시지를 보내며 자책감을 완화할 수 있다.

예를 들어, "나는 완벽하지 않지만 괜찮아"라는 문구를 반복하며 자신을 위로할 수 있다.

다섯째, 습관적인 반응 알아차리기

부정적인 감정들이 올라 올 때 습관적인 사고 패턴을 인식하고, 이를 멈출 수 있는 기회를 제공한다. 자신의 부정적인 사고 패턴을 알아차리고 이를 의식적으로 내려놓으면 자책에서 벗어날 수 있다.

📎 첨삭일기 작성 시 도움이 되는 '자기연민'

자기 연민 수준이 높은 사람들은 일반적으로 더 적극적이다.

- Sara Dunne -

자기연민은 자신을 비난하기보다 따뜻하게 이해하고 돌보는 태도를 말한다. 이는 "나 자신이 가장 좋은 친구가 되는 것"이라고도 표현할 수 있다. 실수나 실패는 누구나 경험한다. 하지만 이를 지나치게 비난하면 불안과 스트레스는 커지고, 회복할 힘이 사라진다. 이에 비난을 멈추고 자기 연민을 키워야 한다.

스스로에게 "괜찮아, 누구나 실수할 수 있어"라고 말하며, 도전과 실패를 성장의 과정으로 받아들이는 태도가 필요하다. 자기 연민은 단순히 자신을 위로하는 것이 아니다. 그것은 우리가 앞으로 나아갈 수 있는 기반이 되어준다. 오늘부터 나 자신을 조금 더 따뜻한 시선으로 바라보는 연습을 시작해 보자.

- **자기연민(Self-Compassion)의 정의와 의미**

자기연민이란, 자신이 고통이나 실패를 경험할 때 이를 비난하거나 외면하지 않고, 마치 가장 친한 친구를 위로하듯 따뜻하게 자신을 이해하고 돌보는 태도를 말합니다. 이는 다음 세 가지 요소로 구성됩니다:

자기 친절(Self-Kindness) : 자신의 실수와 결점을 따뜻하게 받아들이고 비난하지 않는 태도.

공통 인간성(Common Humanity) : 고통과 실패가 나만의 문제가 아니라, 누구나 겪는 보편적 경험임을 깨닫는 것.

마음 챙김(Mindfulness) : 현재의 고통스러운 감정을 억누르거나 과장하지 않고 있는 그대로 인식하는 태도

자기연민은 단순히 자신을 위로하는 것을 넘어, 어려움 속에서 자신을 지탱하고 성장으로 이끄는 심리적 자원을 제공한다.

- **자기연민이 절망에서 도움이 되는 이유**

  자기연민은 절망적인 상황에서도 자신을 일으켜 세우는 강력한 심리적 자원이다. 단순히 자신을 위로하는 것을 넘어, 자기연민은 어려운 상황에서 회복력을 키우고, 더 나아가 성장을 도모하게 한다.

  자기 비난 완화 : 절망 속에서 사람들은 흔히 자신을 탓하거나 무력감에 빠지기 쉽다. 자기연민은 이러한 비난을 줄이고, 고통을 자연스러운 인간 경험으로 받아들일 수 있도록 돕는다.

  감정 처리 능력 향상 : 자기연민은 감정을 억누르지 않고 있는 그대로 수용하게 돕는다. 이를 통해 감정의 흐름을 받아들이고 고통에서 벗어날 준비를 할 수 있다.

  희망과 동기부여 : 자기연민은 "나는 고통받고 있지만 여전히 노

력할 가치가 있다"라는 메시지를 준다. 이는 자기 회복을 위한 작은 행동을 시작하도록 격려한다.

타인과의 연결감 강화 : "나만 힘든 게 아니다. 모든 사람이 어려운 순간을 겪는다"라는 보편적 인간 경험에 대한 이해를 촉진한다. 이는 절망 속에서 고립감을 줄이고, 타인과 연결감을 느끼게 한다.

- **자기연민으로 절망 극복**

갑작스러운 실패로 큰 좌절을 겪은 한 사람을 떠올려보자. 만약 이 사람이 자기연민 없이 상황을 바라본다면, "내가 너무 무능력해서 이런 일이 생겼어"라는 생각에 빠져들 것이다. 이는 상황을 더욱 비관적으로 해석하게 하고, 절망을 악화시킬 수 있다.

반면, 자기연민을 통해 접근하면 다음과 같이 생각할 수 있다:

제3자 시점: "이 상황은 누구에게나 힘든 일이다. 나만 실패하는 것이 아니다."

자기연민: "나는 최선을 다했지만 실패했다. 하지만 이 경험을 통해 더 성장할 기회가 있을 것이다. 나를 책망하기보다는 자신을 위로하자." 이러한 태도는 자신을 위로하면서도 새로운 기회를 모색하도록 동기를 부여한다.

텍사스 대학교 오스틴 캠퍼스의 교육 심리학 부교수 크리스틴 네프(Kristin Neff)는 말한다. "자기 연민은 자기 자신과 같은 따뜻하고 지지적인 친구가 되는 법을 배우는 것"이라고 했다.

- **자기 비난을 멈추고 자신을 살리는 길**

　자기연민은 우리를 무너뜨리는 비난 대신 자신을 이해하고 위로하며, 새로운 해결책을 모색할 힘을 준다. 이는 절망을 단순히 견디는 것을 넘어, 그 경험을 바탕으로 더 나은 삶으로 나아가는 기반이 된다.

　예를 들어, 중요한 발표에서 실수한 경험이 있다고 가정해 보자. 자기비판에 빠지면 우리는 "내가 너무 무능하다"라며 상황을 비관적으로 해석하게 된다. 반면, 자기연민은 "나는 최선을 다했지만 실수할 수 있다. 이 실수를 통해 무엇을 배울 수 있을까?"라는 시각을 제공합니다. 이는 단순한 위로를 넘어, 자신을 성장의 길로 이끄는 긍정적인 힘이 된다.

　비판에서 이해로, 자신을 새롭게 보자. 우리는 누구나 실수와 실패를 경험한다. 중요한 것은, 그 경험을 어떻게 해석하고 자신을 대하느냐이다. 첨삭일기와 자기연민은 함께 작동하여, 자기비판의 악순환을 끊고 새로운 인식과 성장의 길을 열어준다.

자기비판이 아닌 따뜻한 자기연민으로 자신을 바라보세요.

　당신은 단지 실수를 한 것이 아니라, 그 실수를 통해 배우고 성장할 기회를 얻은 것이다. 이런 태도가 쌓일수록, 우리는 더 강해지고, 불안과 스트레스 속에서도 흔들리지 않는 삶의 방어막을 세울 수 있을 것이다. 자신감을 키우고 싶다면 자기연민이 먼저 임을 잊지 말자

- **실천 방안: 자기 연민을 키우는 방법**

  균형 잡힌 관점 유지: 고통스러운 상황에서 자신에게 이렇게 물어보자. "이 상황을 객관적으로 바라본다면, 나는 어떤 위로를 받을 수 있을까?" 이는 사건을 지나치게 확대 해석하지 않고, 균형 잡힌 시각을 유지하는 데 도움을 준다.

  실천 1 : 일기 쓰기를 통해 자신의 감정을 구체적으로 적고, 이를 제3자 시각에서 다시 읽어본다.
  ⇨ *인간 조건의 수용* - 우리는 모두 불완전한 존재임을 인정하는 것이 중요하다. 자신이 가진 결점은 나만의 것이 아니라, 모든 인간이 공유하는 조건임을 기억하자.

  실천 2 : 매일 "오늘 내가 인간답다고 느낀 순간은 언제였는가?"를 기록한다.
  ⇨ *자기 비난을 멈추고 스스로를 다독이기* - 실패나 실수 이후 "이건 나쁜 일이야"가 아니라 "이 또한 배움의 과정이야"라고 스스로에게 말해보자.

  실천 3: 실패나 실수 뒤, "오늘의 배움" 섹션을 추가하여 기록하며 긍정적으로 재해석한다.

  우리에게 중요한 것은 자신을 따뜻하게 바라보며, 작은 실수와 실패에 흔들리지 않는 마음의 근육을 키우는 것이다. 그 근육은 하루아침에 생기지 않는다. 매일의 작은 연습이 모여 우리를 더욱 단단하게 만든다. 그러니 오늘, 나를 조금 더 따뜻하게 안아주는 일기를 써보는 것은 어떨까?

| 수비전략 | 작성법 |

           첨삭일기 쓰기   1

✍ 작성요소

| 날짜 :   월   일   24:00
| 오늘 나에게 있었던 힘들었던 장면을 떠올리고 자세히 써 봅니다.
   - 감정이 상한 부분을 적어보세요, 어떤 점이 힘들었나요?
   - 사실과 감정을 나눠서 표시하세요?
   - 근거와 맥락을 찾아 분석하세요!
   - 대안과 방법은 무엇인지 적어보세요!
| 첨삭일기

감사대장	상황 작성	느낀점
일어난 상황 느낌, 감정 쓰기		
사실과 감정 **(구분하기)** ↓		
근거와 맥락 찾기 **(심층 분석)** ↓		
교정·대안적 시각 **(첨삭 과정)**		

✐ 적용하기 - 사례

최** (50세, 학원강사)
오늘은 정말 감사한 일들이 많았던 하루였다. 아침에 학원에 도착하자마자 학부모님이 주고간 간식이 있었다. 학생 성적이 향상되어 감사하다는 쪽지와 함께 하루를 기분 좋게 시작할 수 있었다. 수업 중에는 한 학생이 수업 준비를 열심히 해와서 수업이 순조롭게 진행되었다. 아이가 질문에 자신감을 가지고 답변하는 모습을 보며, 내가 하는 일이 참 보람 있다는 생각이 들어 감사했다.

| 감사 대상 정리
  • 물질에 대한 감사
학부모가 준 간식과 감사 쪽지: "학부모님이 주고 간 간식이 있었다. 성적 향상에 감사한다는 쪽지와 함께였다."
  < 분석 > 물질적 지원이나 선물이 감사의 중요한 대상이 될 수 있으며, 이러한 작은 물질적 요소는 기쁨과 위안을 준다.
  • 관계에 대한 감사
학부모와 동료 강사: "아침에 동료 강사가 커피를 건네주며 힘내라고 격려해줘서 하루를 기분 좋게 시작할 수 있었다."
학생의 자신감 있는 답변: "아이가 질문에 자신감을 가지고 답변하는 모습을 보며, 내가 하는 일이 참 보람 있다는 생각이 들어 감사했다."
  < 분석 > 인간관계에서 받는 배려와 성취감은 관계 중심의 감사로 이어지며, 이는 대인관계 개선에 긍정적 영향을 미친다.

| 오늘의 통창
: 내가 하는 일에 자부심을 느끼며 일할 수 있어 행복하다.

| 수비전략 | 작성법 |

✧ 자기연민 연습 편지쓰기 1

자기연민을 실천하는 효과적인 방법 중 하나는, 자신을 사랑하는 친구라고 가정하고 편지를 쓰는 것입니다. 예를 들어, 실패했던 순간을 떠올리고, 그 경험을 겪은 자신에게 위로와 조언을 담은 편지를 적어봅니다.

예시) 그 실패는 누구에게나 일어날 수 있는 일이야. 넌 정말 열심히 했고, 그 자체로도 대단해. 이번 경험을 통해 더 나은 기회를 잡을 수 있을 거야
이 연습은 자기 비판을 멈추고 자신을 이해하는 데 큰 도움을 줍니다. 사랑하는 친구의 따뜻한 조언처럼 자신에게 긍정적인 메시지를 주는 것은 자기연민을 키우는 데 효과적입니다.

✍ 작성요소

| 사랑하는 친구에게
 그날은 너무 힘이 드는 날이였지?

(객관적 상황기술- 누구에게나 있을 보편적인 사건)

(해 주고 싶은 말)

✎ 적용하기 - 사례

사랑하는 친구 정민이에게

너는 지금 정말 힘든 시간을 보내고 있다는 걸 알고 있어. 직장에서 준비했던 프로젝트가 기대만큼 잘되지 않았다는 소식을 들었을 때 얼마나 속상했을지, 나는 너의 마음이 어떨지 충분히 짐작할 수 있어. 정말 애썼고, 네가 얼마나 노력했는지 누구보다 잘 알기 때문에 이 실패가 너를 얼마나 아프게 했을지도 알아.

하지만 정민아, 그 실패는 네 잘못이 아니야. 누구나 예상치 못한 상황에서 실패를 경험하곤 해. 실패는 나쁜 게 아니야. 오히려 그 과정에서 네가 보여준 열정과 성실함이 훨씬 더 빛났다고 생각해. 너 스스로를 비판하지 말고, 이번 일을 통해 얻은 것들을 생각해보자. 분명히 네가 이 경험을 통해 배운 것이 있을 거야.

그리고 잊지 말아줘. 넌 그 자체로도 충분히 소중한 사람이야. 실패했을 때조차도 넌 여전히 소중하고, 너의 가치는 전혀 변하지 않아. 네가 한 걸음 한 걸음 걸어왔던 길을 나는 항상 응원하고 있다는 걸 기억해줬으면 좋겠어.

이번 실패가 너를 더 단단하게 만들어줄 거라고 믿어. 아마 이 경험 덕분에 다음번에는 더 현명하고 강한 선택을 할 수 있을 거야. 넌 이미 그럴 힘을 가지고 있어. 조금만 더 자신을 믿어봐. 그리고 네가 했던 노력과 열정을 스스로도 인정해줘. 정말 멋졌어, 정민아

앞으로도 내가 어떤 길을 가든 나는 항상 네 편이야. 스스로를 사랑해주고, 네 안에 있는 가능성을 믿어줬으면 좋겠어. 이번 일을 통해 더 나은 기회를 만날 너를 상상해보자. 나는 네가 그런 멋진 미래를 만들 거라고 확신해.

항상 너를 응원하며, 너 자신으로부터. - 친구가-

방어전략 해보기

✧ 자기연민 측정 척도   1

Kristin Neff는 자기 연민을 기르면 함정을 피하는 데 도움이 된다고 말하고 있다. 상처받거나 부끄러워하거나 부끄러울 때 다른 사람을 깎아내리지 않고 스스로 일어설 수 있습니다. 그래서 그녀는 이 특성을 측정하기 위한 심리적 척도를 설계했다
* 1(거의 전혀 없음)에서 5(거의 항상)까지의 척도

질문	내용	척도
1	나는 감정적 고통을 느낄 때 나 자신을 사랑하려고 노력한다	
2	나는 내 실패를 인간 조건의 일부로 보려고 노력합니다.	
3	고통스러운 일이 발생하면 나는 상황을 균형 잡힌 관점에서 보려고 노력합니다.	
4	나는 나 자신의 결점과 부족함에 대해 비난하고 판단합니다.	
5	내 부족함에 대해 생각하면 세상과 더욱 단절되고 소외된 기분이 드는 경향이 있습니다.	
6	분이 좋지 않을 때는 모든 잘못된 것에 집착하고 집착하는 경향이 있습니다.	

[해석]

1~3번 진술에 더 많이 동의할수록, 4~6번 진술에 덜 동의할수록, 당신의 자기 연민은 높습니다.

[근거]

https://www.bbc.com/worklife/article/20210111-why-self-compassion-not-self-esteem-leads-to-success

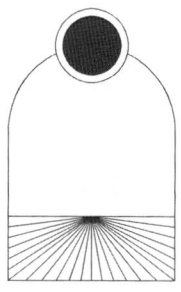

THE GROWN-UP'S DIARY

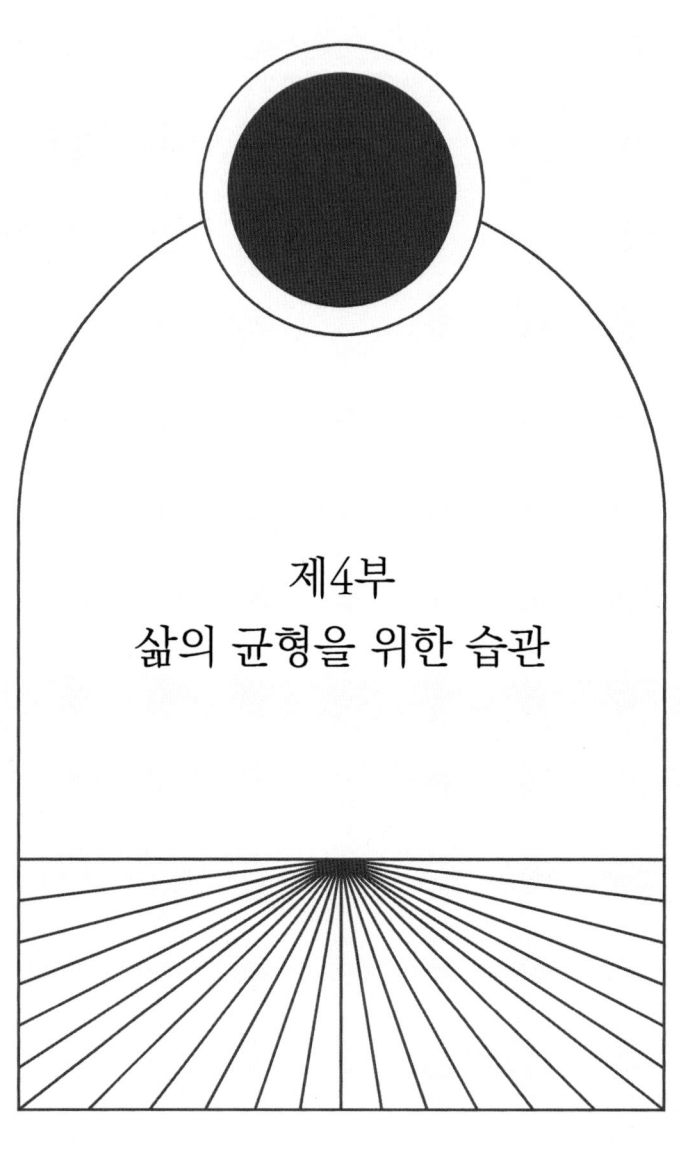

제4부
삶의 균형을 위한 습관

제 4 부

삶의
균형을
위한 습관

우리가 당장 할 수 있는 것은
대단한 결심이나 거창한 계획이 아니라 지금 이 순간부터
가능한 작은 습관 하나를 꾸준히 쌓아가는 일이다.

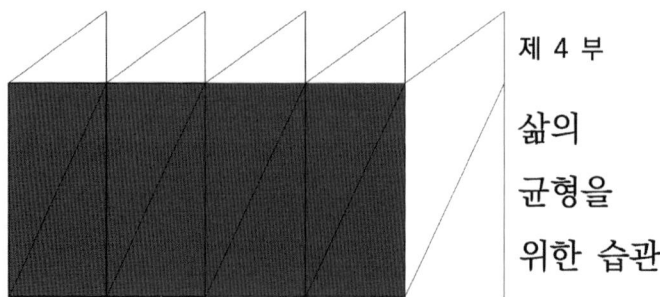

제 4 부

삶의
균형을
위한 습관

행복예금과 불행보험 함께 준비하자

작은 습관이 만들어내는 삶을 지탱하는 어른의 지혜가 필요하다. 바쁘고 복잡한 세상 속에서 '균형 잡힌 삶'을 꿈꾸는 이들이 많다. 하지만 무거운 책임감과 일상에 파묻혀 "어떻게 해야 균형을 지킬 수 있을까?"라는 질문은 쉽게 해결되지 않는다. 그 이유 중 하나는, 사람 대부분이 '삶의 균형'을 단지 '행복을 추구하는 자세' 정도로만 이해하기 때문이다. 그러나 현실은 그것만으로 충족되지 않는다. 우리는 예기치 못한 불안과 문제에 대응할 '수비 전략'이 필요하다. 이 책은 그 핵심인 이중전략 실천법을 제시한다.

행복예금: 일상에서 꾸준히 작은 행복을 찾아 쌓아가는 습관
불행보험: 예상치 못한 상황에서 실수를 만났을 때 흔들리지 않도록 대비하는 습관

행복예금과 불행보험을 함께 들어두는 것이 곧 '삶의 균형점'을 유지하는 최고의 노하우이다. 우리가 당장 할 수 있는 것은 대단한 결심이나 거창한 계획이 아니라, 지금 이 순간부터 가능한 작은 습관 하나를 꾸준히 쌓아가는 일이다.

작은 습관으로 이중전략 지속하기 현실에서는 매일 새로운 변수가 생긴다. 진입 장벽을 높게 설정하면 쉽게 지치고 포기하게 된다. 그래서 우리는 작은 습관을 시작점으로 삼는다. 예를 들면, 출근길에 5분간 버스정류장으로 이동할 때, 지하철을 탈 때 잠시 감사할 일을 떠올려본다. 저녁 식사를 마치고 5분 정도 오늘의 실수와 배움을 적는 등 아주 짧고 구체적인 행동을 반복한다.

행복예금을 위한 '감사·성취' 기록
불행보험을 위한 '첨삭·실수' 정리

이렇게 행복과 수비를 동시에 챙기는 습관은 작은 행동이라도 꾸준히 누적될수록 커다란 변화를 만들어낸다. 그리고 무엇보다 중요한 것은 나만의 속도로 가는 것이다. 남들과 비교해 조급해지기보다는, 실패해도 괜찮다는 여유와 자기 수용적 태도를 갖추는 것이 이중전략을 지속하는 핵심이다.

우리는 동화책처럼 '이후 행복하게 살았습니다'. 라는 끝 문장으로 이야기를 끝낼 수 없다. 삶은 계속되고 누구나 행복과 불행 사이

어디쯤 머물게 된다. 행복을 크게 느낄수록 위험을 인지하지 못하고 무너질 수도 있다. 반대로 수비만 강화하면 삶은 안전할 수 있지만, 그 속에 성장의 기쁨과 감사의 행복이 부족해진다.

감사·성취 일기: 스스로를 격려하고 활력을 충전하는 방법이다.
첨삭·실수 일기: 불편한 감정도 솔직히 마주하고 대안을 찾는 방법이다.

이 두 가지를 '병행일기' 형태로 접근하면, 행복 확장과 수비 강화가 동시에 이루어지는 실질적인 훈련이 된다. 매일 적는 작은 기록이 쌓여, 어느 순간엔 나도 모르는 사이 '균형감 있는' 나를 발견하게 된다.

결국 우리는 '조금씩, 그러나 꾸준히' 이중전략을 실행하며, 행복예금과 불행보험을 나란히 들어둘 필요가 있다. 이 책의 다음 장(章)들은 이러한 작은 습관들의 구체적인 적용법과 실제 사례, 그리고 꾸준함을 도와줄 질문들을 제시한다.

01. 작은 습관으로 이중전략 지속하기

행복예금, 불행보험을 함께 들기

감사와 성취를 기록하며 긍정적인 순간들을 저장하고, 불행이나 실수를 기록해 회복탄력성을 키우는 이중전략은 우리의 일상을 더욱 견고하게 만든다.

행복예금은 새로운 시작이나 시련을 위해 어떤 순간에 필요한 만큼 인출 하여 화를 면한다. 그래서 미리 쌓아두는 것이다. 하지만 쌓아두지 않으면 필요할 때 꺼내 쓸 수 없다. 그래서 꾸준한 습관이 중요하다. 우리는 금융 자산을 저축하듯 감정과 생각도 축적할 필요가 있다. 행복을 모아두는 작은 습관이 결국 삶의 균형을 유지하는 큰 축이 된다. 다른 한 축은 불행보험이다. 불행보험은 예상치 못한 감정적 충격이나 삶의 위기에 대비하는 전략이다. 단순히 감정을 조절하는 것이 아니라, 지속해서 관리하고 대비하는 과정이다. 이를 위해 우리는 꾸준히 '보험료'를 납부해야 한다. 여기서 보험료란, 자기 자신을 돌보고 성장할 수 있도록 투자하는 작은 습관과 실천을 의미한다. 어느 순간에 닥칠 큰일에 대하여 보험을 든다. 놀랍게도 보험은 그 대비 사항을 만약에 라는 말로 미리 대비 항목을 만들어 놓는다. 이중전략은 둘 다 꾸준히 쌓아야 하고 납부해야 한다.

🔖 꾸준함을 위한 구체적인 신호 보내기

습관을 지속하기 위해서는 명확한 신호가 필요하다. 구체적인 신호는 행복강화를 위한 일기 쓰기인지 불행수비를 위한 일기 쓰기 인지를 구분할 수 있어야 한다. 감정이 올라오면 바로 이중 작동을 시켜본다. 매일 일정한 시간과 장소를 정해 일기를 쓰고, 기록 후 스스로에게 간단한 보상을 제공해 보자. 이러한 작은 신호들이 쌓이면 일기 쓰기는 자연스럽게 우리의 일상으로 자리 잡는다.

- **행복예금을 쌓는 습관**

행복예금은 결국 불행할 때 찾아 쓰는 것이다. 하지만 쌓아두지 않는다면 필요할 때 꺼내 쓸 수가 없다. 따라서 꾸준한 습관은 나를 더욱 단단하게 만든다. 우리는 금융 자산을 저축하듯이 감정과 경험도 축적할 필요가 있다. 행복을 모아두는 작은 습관이 삶을 균형 있게 유지하는 핵심이 된다.

행복예금 전략이란, 일상의 작은 기쁨과 감사한 순간을 기록하고 축적하는 과정이다. 이는 긍정적인 감정을 꾸준히 인식하고 저장하여, 어려운 순간에 자신을 지탱할 수 있도록 돕는다. 실천 방법을 제시한다.

1. 하루 3가지 감사한 일 기록하기

감사는 행복을 키우는 가장 강력한 도구이다. 매일 아침이나 저녁, 감사한 일을 세 가지씩 기록하면 작은 기쁨을 더 깊이 느낄 수 있다.

2. 작은 성취 축적하고 숫자로 써보기

우리는 커다란 성공만 의미 있다고 생각하지만, 작은 성취들도 충분히 중요한 자산이다. 오늘 한 가지라도 해낸 일이 있다면 그것을 기록하고 숫자로 써보자. 숫자가 누적되면 일정 기간 후 전체 합을 더해보자.

3. 기쁜 순간을 사진과 함께 저장하기

문장으로 기록하는 것도 좋지만, 사진과 함께 남겨두면 시각적인 기억과 함께 더욱 생생하게 떠오를 것이다. 사소하지만 기분이 좋았던 순간을 사진, 메모, 음성 기록 등으로 남겨보자.

4. 행복을 확장하는 질문하기

"오늘 가장 즐거웠던 순간은?", "내일 기대되는 일은?" 같은 질문을 통해 행복을 더 적극적으로 찾아보자. 매일 같은 질문을 통해 가장 즐거웠던 순간을 찾게 된다. 일정 기간 후 TOP3를 적어 보는 것도 좋다.

5. 마음에 남는 말 모으기

기분 좋은 말을 들었거나, 나 자신에게 해주고 싶은 응원의 말을 노트에 적어두자. 책이나 인스타, SNS에서 보았던 좋은 문구들을 저장하거나 하루 정도 마음에 품어 본다.

6. 행복 루틴 만들기

아침마다 긍정적인 생각으로 하루를 시작하거나, 잠들기 전 행복했던 순간을 떠올려보는 습관을 들여보자. 그리고 오늘 하루 감사했다고 자신의 이름을 불러보며 잘 자라고 말해본다.

행복의 누적은 순간을 기억하고 순간에 머물게 한다. 또한 적금을 해본 적이 있다면 알 것이다. 통장에 차곡차곡 쌓여가고 있는 돈이 모이고 있는 그것만으로도 흐뭇하다. 여러분의 일기장에 쌓여가고 있는 감사한 일들과 행복한 순간, 작은 성취들 그것을 꺼내보기만 해도 행복해질 것이다. 조금 지친 하루에 그 기록들은 더욱 빛날 것이다. 만족감과 긍정적 균형을 이룰 나만의 일기장을 만들어보자,

- **불행보험 예측하여 대비하는 습관**

　불행보험은 예상치 못한 감정적 충격이나 삶의 위기를 대비하는 하나의 전략이다. 우리는 지속적인 보험료 납부를 통해 감정을 건강하게 유지하고, 사고를 대비할 수 있어야 한다.

　삶의 위기는 언제든 찾아올 수 있다. 하지만 꾸준한 감정적 대비를 위해 기록의 습관이 필요하다. 일기는 기록의 누적이 되고 그에 따른 분석이 되며 하루하루가 모여 자신이 되어 있다. 불행에 대한

감정과 사고를 관리하는 습관을 들인다면, 불행보험은 우리의 든든한 보호막이 될 것이다.

1. 사고 대비 포트폴리오 필요성

금융 자산을 운용할 때 포트폴리오를 구성하는 것처럼, 감정과 사고를 관리하기 위해서도 적절한 대비책이 필요하다. 한 가지 방법만으로는 모든 상황을 해결할 수 없기 때문이다. 다양한 도구와 전략을 조합해 자신만의 감정적 포트폴리오를 만들면, 불행이 닥쳤을 때 빠르게 회복할 수 있다.

- **감정 이름에 따른 다양한 일기 쓰기**

하나의 방법에 의존하기보다 다양한 감정 조절 전략을 활용한다. 예를 들어 성취일기, 실수일기, 감사일기, 복수일기 또는 투자일기, 실패일기, 공부일기 등 가장 중심이 되는 감정을 두고 일기에 이름표를 붙여주자. 여러 요소를 조합하여 감정적으로 균형 잡힌 삶의 기반이 되며 자신의 정서적 패턴과 성향을 이해하게 된다.

2. 감정 패턴 읽기

- **기본 마지노선 설정하기**

어떤 감정이나 사고가 내게 영향을 미치는지 파악하고, 스스로 감당할 수 있는 범위를 설정한다.

예를 들어, 일주일 이상 우울한 감정이 지속될 경우 전문가 상담을 고려하거나, 스트레스가 일정 수준을 넘으면 쉬어가는 시간을 정해둔다.

- **감정 기록과 분석**

  자신의 감정을 주기적으로 기록하고, 어떤 패턴이 있는지 분석한다.

  매일 감정일기를 쓰거나, 한 달에 한 번 지난 시간을 돌아보며 자신의 정서적 변화에 대한 데이터를 축적한다. 감정 패턴을 분석할 때는 다음의 방법을 활용할 수 있다:

  ∞ 해보기
  - ☐ 특정 감정이 자주 발생하는 시간대나 요인을 파악한다
  - ☐ 감정이 급격히 변하는 트리거를 기록한다
  - ☐ 다음 단계를 예측하고 그에 따른 대응책 작성한다
  - ☐ 어떤 단어 더 민감하게 반응하지는 살펴본다
  - ☐ 긍정적 감정을 촉진하는 요소를 정리한다
  - ☐ 중첩 요소가 있는지 동그라미로 표시 한다

3. 행동 기반 위기 대비책 만들기

- **대비책을 마련하는 보험료 납부- 실천 행동 설계**

  보험료처럼 일정한 노력을 들여 감정과 사고를 대비한다.

  예를 들어, 규칙적인 운동, 명상, 독서, 신뢰할 수 있는 사람들과의 대화 등을 통해 감정적 안정성을 유지한다.

- **위기 대처 안내서 만들기**

  예상되는 위기에 대해 대처 방법을 미리 정해두고, 실제로 발생했을 때 활용할 수 있도록 준비한다.

  예를 들어, 갑작스러운 충격적인 일이 생겼을 때 누구에게 연락할지, 어떻게 자신을 다독일지를 사전에 정해두는 것이다.

나만의 속도 유지하기

✎ 완벽주의를 내려놓는 연습: 솔직하게 쓰는 것의 자유

　모든 사람의 성장 속도는 다르다. 일기를 쓰는 과정에서 완벽함을 요구하기보다, 자신의 속도에 맞춰 꾸준히 기록하는 것이 중요하다. 실패해도 괜찮다는 자기 수용적 태도를 키우며, 나만의 성장을 즐기자.

　완벽주의는 때때로 우리를 성장으로 이끄는 힘이 되기도 하지만, 동시에 두려움과 부담을 안겨주는 족쇄가 되기도 한다. 특히 일기처럼 나 자신과의 대화를 나누는 기록에서는 완벽함보다 솔직함이 더 중요하다. 우리는 종종 '잘 써야 한다'라는 부담에 눌려 한 줄도 적지 못하는 경우가 많다. 하지만 일기는 남에게 보여주기 위한 것이 아니라 나를 위한 것이기에, 틀려도, 엉망이어도 괜찮다.

　솔직한 기록은 자기 이해의 첫걸음이다. 꾸밈없이 자신의 감정을 적어 내려가다 보면, 나도 몰랐던 마음속 깊은 생각들이 자연스럽게 드러난다. 때로는 글을 통해 숨겨둔 감정을 마주하게 되고, 이를 통해 자신을 더 잘 이해할 수 있다. 예를 들어, 하루 동안 겪었던 사소한 일에도 '내가 이렇게까지 화가 났었구나' 혹은 '이런 작은 일에도 행복을 느낄 수 있구나'와 같은 깨달음을 얻을 수 있다.

　이러한 과정은 '솔직한 기록의 자유'를 선물한다. 처음에는 어색할 수 있지만, 꾸준히 연습하면 솔직한 기록이 자연스러워지고, 완벽함을 내려놓는 연습도 함께 이루어진다. 오늘부터라도 일기에 '잘 쓰려는 노력'을 내려놓고, 그냥 떠오르는 대로 적어 보는 것은 어떨까?

✎ 꾸준함의 힘: 매일 조금씩, 내 페이스에 맞춘 기록

- **성장은 꾸준함에서 나온다.**

큰 결심을 하고 완벽한 일기를 쓰겠다고 다짐하지만, 몇 번 적다 중단되는 경우가 많다. 하지만 기록의 가치는 '완벽한 글'이 아니라 '꾸준한 습관'에서 비롯된다. 단 한 줄을 쓰더라도, 그것이 매일 반복된다면 성장의 발판이 된다.

제임스 클리어(James Clear)의 저서 『아주 작은 습관의 힘(Atomic Habits)』은, 매일 1%씩의 작은 개선이 장기적으로 큰 변화를 불러올 수 있다고 말한다. 작은 습관을 반복하는 것이 장기적인 변화에 미치는 영향을 분석했다. 하루에 1%씩만 나아진다고 해도 1년 후에는 지금과는 비교할 수 없는 수준의 성장을 이룰 수 있다. 일기 쓰기도 마찬가지다. 처음부터 장문의 글을 쓰려하기보다 오늘의 감정을 한 문장으로 표현하거나, 짧은 키워드 몇 개만 적는 방식으로 시작해도 좋다.

꾸준한 기록을 위한 몇 가지 방법이 있다. 첫째, 자신에게 맞는 시간대를 정하는 것이다. 아침에 하루의 목표를 적거나, 저녁에 하루를 정리하는 것도 좋다. 둘째, 글의 양에 집착하지 않는 것이다. 단 몇 줄만 적어도 충분하다. 셋째, 기록 후 작은 보상을 주는 것이다. 좋아하는 차를 마시거나, 작은 스티커를 붙이는 등의 방법으로 기록 습관을 강화할 수 있다.

매일 조금씩이라도 나만의 속도로 기록하다 보면, 과거의 나와 비교해 성장한 자신을 발견할 수 있다. 가장 중요한 것은 '속도'가 아니라 '지속성'이다.

실패해도 괜찮다는 자기 수용의 태도 키우기

꾸준히 일기를 쓰기로 마음먹었지만, 바쁜 일정이나 예상치 못한 상황으로 인해 며칠간 기록하지 못하는 경우가 생긴다. 이때 많은 사람이 '아, 또 실패했구나'라며 자신을 비난하곤 한다. 하지만 중요한 것은 중간에 멈추는 것이 아니라, 다시 시작하는 힘을 기르는 것이다.

- **실패를 대하는 태도는 성장의 중요한 요소**

어떤 연구에서는 실패를 받아들이는 태도가 긍정적일수록 학습과 성장의 속도가 빠르다는 결과를 보였다. 따라서 '나는 실패했다'가 아니라 '나는 다시 시작할 수 있다'라는 태도로 바라보는 것이 중요하다.

일기 쓰기도 마찬가지다. 한동안 기록을 하지 못했더라도, 다시 펜을 들고 한 줄을 적는 순간부터 습관은 회복된다. 그동안의 공백이 중요한 것이 아니라, 다시 시작할 수 있는 용기와 유연성이 더 중요하다. 실패해도 괜찮다는 마음으로 자신을 다독이며, 다시 일기를 시작해 보자. 결국, 성장의 속도는 타인의 기준이 아닌, 나만의 속도로 결정되는 것이다.

∽ 해보기
- 실패해도 괜찮아~ 자기 수용적 태도 키우기
- 최근 실패 경험을 간단히 적어보기
- 실패로부터 배운 점이나 느낀 점 기록하기
- 실패한 자신을 격려하는 문장을 작성해 보기

02. 삶의 균형점 행복 + 수비

50:50 전략으로 융합적 일기쓰기 활용법

어른의 삶은 복잡하다. 우리는 하루에도 수많은 선택과 감정의 기복을 경험하며, 때론 기쁨을 누리기도 하지만 예상치 못한 어려움에 부딪히기도 한다. 이러한 현실 속에서 균형을 유지하기 위해서는 다양한 전략이 필요하며, 융합적 글쓰기가 그 해답이 될 수 있다.

특히, 행복을 키우고 불행을 방어하는 50:50 전략을 적용하면, 일기는 감정 조절과 문제해결의 강력한 도구로 작용한다. 감사·성취·비전 일기(행복 확장)와 첨삭·걱정·실수 일기(불행 대비)를 조화롭게 활용하면, 우리는 긍정성을 유지하면서도 현실적인 도전에 효과적으로 대응할 수 있다.

📎 감사·성취·비전 + 첨삭·걱정·실수의 융합 방식

- 감사 + 걱정 → 현재 가진 그것에 대해 감사함을 기록하며 걱정거리를 현실적으로 줄이는 전략
- 성취 + 실수 → 성취한 부분을 강조하면서도 실수에서 배운 점을 정리하여 균형 유지
- 비전 + 첨삭 → 미래 목표를 설정하고 이에 대한 현실적 피드백을 적용하는 방식

융합적 일기를 쓰면 감정 조절과 목표 달성이 더욱 효과적으로 이루어진다. 긍정적 사고 유지 할 수 있다. 특히 감사와 성취를 통해 자존감을 높일 수 있다. 또한 현실적인 문제 해결하고 조정할 수 있게 된다. 성취를 기반한 걱정과 실수는 다음에 해야 할 일들을 알려준다. 균형 잡힌 사고를 훈련하고 싶다면, 비전을 설정하면서도 현실적 피드백을 반영하고 싶다면 융합한 일기쓰기를 해보자.

실생활에서 어떻게 활용할 수 있는지 사례를 통해 살펴보자. 물론 우리의 삶이 딱 2개씩 정해지지 않았고 다양한 내면의 목소리는 내적 갈등을 일으키기도 한다. 먼저 2개씩 융합하고 익숙해졌다면 다른 요소들도 결합해 보자.

| 감사일기+걱정일기 | 사례1. 직장에서의 도전과 성장 |

(상황)
프로젝트 발표를 앞둔 긴장된 하루

지수(28세, 회사원)는 중요한 프로젝트 발표를 앞두고 걱정이 많았다. 실수할까 봐 불안했고, 팀원들이 자신의 아이디어를 잘 받아들일지 걱정되었다.

(일기) 융합적 일기 작성 방법
- 걱정 일기: "내일 발표에서 실수를 하면 어떻게 하지? 사람들 앞에서 긴장하면 목소리가 떨릴지 걱정된다."
- 감사 일기: "그래도 발표 준비를 열심히 했고, 팀원들이 내 의견을 잘 들어주었다. 발표 자료를 완성할 수 있어서 감사하다."
- 결과 : 걱정을 정리하면서 동시에 감사한 점을 떠올리니 긴장이 완화되었고, 준비한 것에 대한 자신감을 회복할 수 있었다.

| 성취일기+실수일기 | 사례2. 업무 평가 후의 성찰 |

(상황)
업무평가 기간이라 긴장된 회사 분위기

민수(34, IT개발자)는 업무평가 기간인 요새 긴장감이 도는 회사에 출근했다. 그동안 몇 가지 실수가 있었지만, 지금까지 성과도 적지 않았다. 실수를 통해 성장할 기회로 삼기로 했다.

(일기) 융합적 일기 작성 방법
- 성취 일기: "이번 달 목표를 달성했고, 고객사에서 내 보고서를 긍정적으로 평가했다. 나름대로 성과를 냈다는 점이 뿌듯하다."
- 실수 일기: "하지만 이번 보고서에서 중요한 데이터를 빠뜨렸다. 다음에는 자료 검토 시간을 더 확보해야겠다."
- 결과 : 실수만 바라보면 자책감에 빠질 수 있지만, 성취한 점을 함께 기록하면서 앞으로 나아갈 방향을 긍정적으로 설정할 수 있었다.

| 비전일기+첨삭일기 | 사례3. 목표 설정과 피드백 반영 |

(상황)
취업을 위해 영어 성적이 중요한 시점.

소영(28, 대학원생)은 앞으로 1년 안에 영어 실력을 향상하고, 해외 취업을 목표로 삼았다. 그러나 현실적인 제약이 많았다.

(일기) 융합적 일기 작성 방법
- 비전 일기: "내년까지 영어 실력을 높여 외국계 기업에 취업하고 싶다. 이를 위해 매일 30분씩 영어 공부를 해야겠다."
- 첨삭 일기: "하지만 현재 일정상 하루 30분은 어려울 수도 있다. 대신 일주일에 4일씩 집중적으로 공부하는 방식으로 조정해야겠다."
- 결과 : 비전만 기록하면 현실과 괴리가 생길 수 있지만, 첨삭을 통해 현실적인 조정을 가하면서 실행 가능성을 높였다.

🖉 행복 확장 + 수비 강화 동시 세우는 질문

행복과 수비는 상호보완적인 역할을 한다. 감사와 성취 일기로 긍정적인 에너지를 키우고, 감정과 실수 일기로 어려움 속에서도 흔들리지 않는 내면의 근력을 단련하자. 이를 통해 우리의 삶은 더 단단하고 균형 있게 변할 것이다.

- **감사와 성취를 위한 질문**

    - 오늘 하루 중 가장 감사한 순간은 언제였나요?
    - 내가 가진 것 중 소중한 것을 다시 떠올려 본다면 무엇인가요?
    - 오늘 나를 웃게 만든 작은 일은 무엇이었나요?
    - 오늘 내가 남에게 베풀거나 받은 따뜻한 행동은 무엇이었나요?
    - 최근 나의 삶에서 긍정적인 변화는 무엇인가요?
    - 오늘 나 자신이 자랑스러웠던 순간은 언제였나요?
    - 최근 내가 꾸준히 노력하고 있는 일은 무엇인가요? 그 과정에서 성장한 점은?
    - 오늘 한 가지라도 어제보다 더 나아진 점이 있다면 무엇인가요?
    - 오늘 예상보다 더 잘한 일은 무엇인가요?
    - 오늘 내 주변 사람들에게 감사 인사를 전해야 할 일이 있었다면 무엇이었나요?

- **감정과 실수를 통한 성장 질문**

    - 오늘 느낀 감정 중 가장 강렬했던 것은 무엇인가요? 그 감정을 어떻게 다루었나요?
    - 오늘 감정이 흔들린 순간이 있었다면, 그 이유는 무엇인가요?
    - 오늘 나를 가장 힘들게 했던 순간은 언제였고, 그 순간에 어떻게 반응했나요?
    - 오늘 실수한 일이 있다면, 그것을 통해 배운 교훈은 무엇인가요?
    - 실수했던 순간을 되돌아보았을 때, 다르게 행동할 수 있었던 방법은 무엇인가요?
    - 오늘 나를 불편하게 했던 감정이 있다면, 그 감정을 어떻게 해소했나요?
    - 최근 스스로를 비판했던 적이 있다면, 그 생각을 보다 긍정적으로 바꿀 방법은 무엇인가요?
    - 오늘 직면한 어려움 속에서 내가 한 가장 좋은 선택은 무엇이었나요?
    - 오늘 감정적으로 힘들었던 순간을 더 나은 방향으로 해결하는 방법은 무엇인가요?
    - 앞으로 같은 실수를 반복하지 않기 위해 어떤 전략을 세울 수 있을까요?

| 융합전략 | 작성법 |

 감사와 긍정을 키우는 일기 질문   1

✍ 질문에 답해보세요.

1. 오늘 하루 중 가장 행복했던 순간은 언제였나요? 왜 그 순간이 특별했나요?

2. 최근 일주일 동안 가장 감사했던 일은 무엇인가요?

3. 오늘 나를 기분 좋게 만들어준 작은 요소(사람, 환경, 행동 등)는 무엇인가요?

4. 오늘 나에게 친절을 베풀어준 사람은 누구인가요? 어떻게 감사 인사를 전할 수 있을까요?

5. 오늘 있었던 작은 행운이나 우연한 기쁨이 있다면 무엇인가요?

성취와 성장에 집중하는 일기 질문　　2

✍ 질문에 답해보세요.

1. 오늘 내가 해낸 가장 의미 있는 일은 무엇이었나요?

2. 최근 스스로에게 도전했던 일이 있다면 무엇이었나요? 그 과정에서 어떤 배움을 얻었나요?

3. 오늘의 작은 성공이 미래의 더 큰 목표와 어떻게 연결될까요?

4. 최근 나의 발전을 가장 뚜렷하게 보여주는 변화는 무엇인가요?

5. 내가 꾸준히 노력하고 있는 한 가지는 무엇이며, 그 과정에서 얻은 교훈은 무엇인가요?

6. 오늘 하루를 되돌아보며, 스스로에게 주고 싶은 칭찬은 무엇인가요?

감정과 내면을 탐색하는 일기 질문

 질문에 답해보세요.

1. 오늘 하루 동안 느낀 감정 중 가장 두드러졌던 것은 무엇인가요? 왜 그런 감정을 느꼈나요?

2. 오늘 기분이 좋았던(혹은 나빴던) 이유를 하나씩 분석해 보면 어떤 패턴이 보이나요?

3. 내 감정을 솔직하게 표현했던 순간이 있었나요? 그렇다면 그 결과는 어땠나요?

4. 오늘 어떤 감정을 상대방이 눈치채지 못했나요? 그 감정을 더 건강하게 표현할 방법이 있을까요?

5. 나 자신에게 보내는 위로의 한 마디를 적어본다면?

6. 오늘 하루 중 감정을 더 긍정적으로 바꿀 수 있었던 순간이 있었다면, 어떻게 행동했어야 했을까요?

실수와 배움을 기록하는 일기 질문 4

 질문에 답해보세요.

1. 오늘 내가 한 실수 중 가장 기억에 남는 것은 무엇인가요?

2. 그 실수를 통해 얻은 가장 큰 깨달음은 무엇인가요?

3. 같은 실수를 반복하지 않기 위해 취할 수 있는 구체적인 방법은 무엇인가요?

4. 과거에 했던 실수 중 지금은 오히려 감사하게 여겨지는 것이 있나요?

5. 왜 그렇게 생각하나요?

6. 내가 저지른 실수로 인해 주변 사람들에게 미안했던 순간이 있다면, 어떻게 사과하고 보완할 수 있을까요?

미래를 설계하는 일기 질문

✎ 질문에 답해보세요.

1. 5년 후의 나는 어떤 모습이길 바라나요?

2. 현재 내가 가장 집중해야 할 목표는 무엇인가요?

3. 앞으로 한 달 동안 달성하고 싶은 목표는 무엇이며, 이를 위해 어떤 계획을 세울 수 있을까요?

4. 오늘의 선택이 나의 미래에 어떤 영향을 미칠까요?

5. 지금까지 이뤄온 것 중 가장 자랑스러운 성취는 무엇이며, 이를 바탕으로 어떤 목표를 세울 수 있을까요?

6. 나의 장기적인 목표를 달성하기 위해 매일 할 수 있는 작은 실천은 무엇인가요?

인간관계와 소통을 돌아보는 일기 질문 6

✎ 질문에 답해보세요.

1. 오늘 가장 의미 있었던 대화는 누구와 나눈 것이었나요?

2. 최근 누군가에게 표현하지 못한 감정이 있다면, 그것은 무엇인가요?

3. 오늘 내가 주변 사람들에게 보인 태도는 어땠나요? 그들이 나를 어떻게 느꼈을까요?

4. 최근 타인의 말을 경청한 순간이 있었나요? 그 경험이 나에게 어떤 영향을 주었나요?

5. 누군가와의 관계에서 갈등이 있었다면, 더 나은 대화를 위해 어떤 접근법을 사용할 수 있을까요?

6. 내가 더 자주 표현해야 할 말(예: 감사, 사랑, 존경 등)은 무엇인가요?

자기 성찰을 위한 질문 일기 질문 1

✎ 질문에 답해보세요.

1. 요즘 나의 삶에서 가장 중요한 가치는 무엇인가요?

2. 나는 어떤 순간에 가장 나답다고 느끼나요?

3. 나를 가장 행복하게 만드는 활동은 무엇이며, 이를 더 자주 할 수 있는 방법은?

4. 최근 스스로에게 실망한 적이 있다면, 그 이유는 무엇이며 이를 어떻게 극복할 수 있을까요?

5. 오늘 하루를 하나의 단어로 표현한다면 무엇인가요? 왜 그렇게 생각하나요?

6. 나의 어린 시절과 비교했을 때, 지금의 나는 얼마나 성장했나요?

7. 내가 진정으로 원하는 삶은 어떤 모습인가요?

융합전략 작성법

✧ 오늘의 일기 　　　　　　　　　　1

구조화된 질문 실습지로 일상을 기록하여 특별한 하루를 만나세요

- ☑ 오늘의 날짜: _
- ☑ 오늘의 기분을 한 단어로 표현하면?

....

....

☑ 오늘 하루를 점수로 매긴다면? (1~10점)

　　　　　　　　　／

💡 감사 & 긍정 에너지 키우기

오늘 하루 중 감사했던 순간은?

....

....

오늘 나를 행복하게 만든 일은?

....

....

◈ 성취 & 성장 기록하기

오늘 내가 해낸 의미 있는 일은?
....

오늘 스스로에게 해주고 싶은 칭찬 한마디:
....
....

감정 탐색 & 내면 성찰

오늘 나의 감정 중 가장 두드러진 것은?
....

그 감정을 어떻게 다루었나요?
....
....

실수 & 배움의 과정 기록

오늘 한 실수는?
....

그 실수에서 배운 점은?
....
....

⑧ 미래 설계 & 목표 설정

앞으로 이루고 싶은 목표는?

....

....

....

내일 더 나은 하루를 만들기 위해 할 일은?

....

....

....

✿ 리뷰 코너 만들기!

한 달 후 돌아보며 성장한 점을 체크하는 회고 섹션 마련

....

....

....

....

실습지를 활용하여 하루하루를 의미 있게 기록해 보세요!

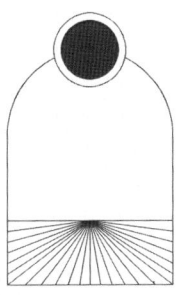

THE GROWN-UP'S DIARY

제5부
삶을 이끄는 것은 바로 나

제 5 부

삶을
이끄는 것은
바로 나

내 삶을 정의하는 것은 나의 행동이다.
특히 꾸준한 나의 행동은 내가 어떤 사람인지 규정한다.

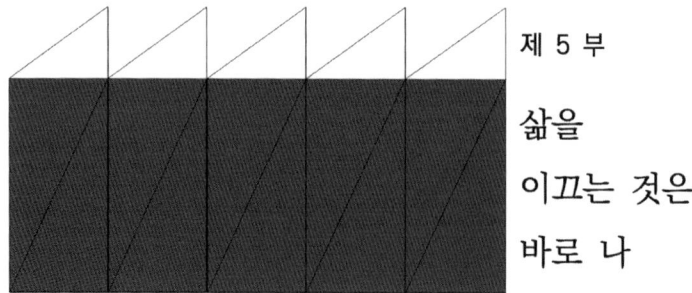

제 5 부
삶을 이끄는 것은 바로 나

우리는 늘 더 나은 삶을 꿈꾼다. 하지만 그 시작은 어디에서부터일까? 바로 '나 자신'으로부터다. 자기 자신을 이해하지 못하면 어떤 변화도 지속될 수 없다. 일기는 우리가 자신을 이해하고, 원하는 방향으로 나아갈 수 있도록 돕는 가장 단순하면서도 강력한 도구다. 하루를 기록하는 행위는 나의 감정, 생각, 행동을 돌아보게 만들고, 스스로 성장할 기회를 제공한다. 작은 기록이 쌓여 큰 변화를 만든다. 일기는 단순한 메모가 아니라, 더 나은 삶을 위한 디딤돌이다.

결국, 내 삶을 정의하는 것은 나의 행동이다. 그것도 꾸준한 나의 행동이 내가 어떤 사람인지 규정한다.

특별한 삶은 선택을 거부하는 것이 아니라
선택을 거듭함으로써 만들어진다.
-맥제이-

삶은 우리에게 늘 예측할 수 없는 순간들을 선물한다. 때로는 행복이, 때로는 예상치 못한 불행이 찾아온다. 하지만 그 모든 순간을 어떻게 받아들이고, 어떤 태도로 대하는지가 우리의 삶을 결정짓는다. 힘든 날이 찾아와도, 평범한 하루라도, 우리는 그 속에서 작은 의미를 발견할 수 있다. 오늘의 선택이 내일의 나를 만든다.

지금까지 '어른의 일기장'을 함께 해온 당신에게 전하고 싶은 메시지가 있다. 당신의 삶은 당신이 만들어 가는 것이다. 어떤 날은 힘들고, 어떤 날은 평범할지라도 그 모든 순간이 모여 하나의 이야기가 된다. 당신은 그 이야기의 주인공이다.

그러니 오늘도 한 줄이라도 적어보자. 일기는 당신이 걸어온 길을 돌아보게 하고, 더 나은 길을 찾을 수 있도록 돕는다. 작은 기록이 쌓여, 결국 당신이 원하는 삶으로 나아가는 길을 열어줄 것이다.

당신의 모든 날을 응원하며,
삶을 이끄는 것은 당신 자신임을 기억하세요.

01. 더 나은 삶을 위한 디딤돌

아직도 일기 안 쓰세요?

일기를 쓰면 좋다는 건 누구나 알고 있지만, 막상 매일 일기를 쓰는 사람은 많지 않다. 바쁘다는 이유로, 특별한 일이 없다는 이유로, 또는 무엇을 써야 할지 몰라서 시작조차 하지 못한다. 하지만 일기 쓰기는 단순한 기록을 넘어 우리 삶을 더 깊고 의미 있게 만들어주는 강력한 도구이다. 앞 장에서 반복적 강조를 했다. 왜 안 쓰는 걸까? 아니 왜 못 쓰는 걸까?

일기쓰기 지속하기 어려운 이유

많은 사람이 일기를 쓰다가 중단하는 가장 큰 이유는 **'목적 없는 기록'** 때문이다. 예를 들어, 어떤 사람은 매일 "오늘 별일 없었음" 혹은 "피곤하다" 같은 단순한 문장을 적는다. 이러한 방식은 시간이 지나면 의미 없는 습관으로 변해버리고, 결국 기록하는 것이 지루해져 포기하게 된다.

많은 사람이 일정 동안 꾸준히 일기를 썼지만, 나중에 돌아보니 단조로운 일상 기록뿐인 경우가 많다. 일기는 습관이 아니라 단순한 의무가 되어버리는 것이다. 잘못된 방식으로 쓰인 일기는 결국 흥미를 잃고 지속되지 못한다.

- **목적 없는 일기는 지속되지 않는다**

단순한 일상 기록만으로는 일기 쓰기의 동기부여가 어렵다. 일기는 자기 성찰과 감정 정리를 돕는 도구가 되어야 한다. "오늘 뭐 했는가?"보다는 "오늘 느낀 점은 무엇인가"에 초점을 맞춰야 한다.

즉, 기록의 질이 중요하다. 하루를 돌아보며 감정을 분석하고, 앞으로의 방향성을 잡아가는 방식이 필요하다. 그렇지 않으면 일기는 단순한 과거의 나열이 될 뿐이다.

- **깊이 있는 기록이 필요한 이유**

왜 단순한 기록이 아닌 감정과 성찰을 담은 일기가 중요한가? 심리학 연구에 따르면, 감정과 생각을 정리하는 글쓰기는 정신 건강을 개선하고 자기 인식을 높이는 데 도움을 준다. 단순한 사건 나열이 아니라 감정을 중심으로 기록할 때, 우리는 삶을 더 깊이 이해하고, 변화의 기회를 발견할 수 있다.

예를 들어, 같은 하루라도 "출근했다"라고 적는 대신, "오늘 출근길에 느꼈던 따뜻한 햇살이 기분을 좋게 만들었다"라고 기록하면, 작은 행복을 인식할 수 있다. 이는 긍정적인 사고를 키우고, 삶을 더 풍요롭게 만든다.

- **다채로운 일기쓰기는 방법**

  일기를 쓰다 보면 지루해 지기 쉽다. 따라서 다채로운 일기를 써 보는 것도 일기쓰기에 지속하는 방법의 하나이다.

  감정을 기록과 함께 신체 반응 함께 적기

  : 단순한 사건이 아니라, 그날의 감정과 생각을 적는다. "오늘 화가 났다"보다는 "오늘 화가 났던 이유는 무엇이고, 이를 어떻게 해결할 수 있을까?"를 고민해 본다.

  화가 났을 때 신체 반응은 무엇이었는지 생각해 보고, 화가 난 후 나는 어떤 행동을 했는지 생각해 본다.

  주제어를 제시하고 일기 쓰기

  : 운동일기, 공부일기, 고민일기, 경제일기, 동경일기, 꿈일기, 위인일기 등 다양한 주제어를 적고 그에 따른 일기를 써본다.

  예를 들어 내가 해본 운동 중 가장 잘 맞는 운동은? 얼마나 자주 어떻게 하고 있는가?, 위인일기의 경우 좋아하는 위인 또는 동경하는 인물을 떠올리면서 그 사람이 온종일 나와 함께 있었다면 오늘 일을 무엇이라고 했을까? 라고 생각해 보는 것이다.

  깊은 질문 활용하기

  : "오늘 나를 기쁘게 한 일은?", "오늘 배운 점은?"과 같은 질문

을 스스로에게 던지면서 쓰면 더욱 깊이 있는 기록이 가능하다. 이때, 질문도 도움이 되는데 앞장에서 다양한 질문 예시를 제공했다. 참고해 보자.

미래의 나에게 편지쓰기

: 몇 개월 후의 나에게 보내는 편지를 일기로 남기면, 자신을 되돌아보는 계기가 된다. 예를 들어 10년 후 나에게, 5년 후 나에게 또는 5년 후 가족에게(엄마에게) 편지를 쓴다면 그래서 미래로 간다면 지금의 결정과 행동에 영향을 줄 것이다.

만약에~ 라는 가정 일기

: "만약에~"라는 가정을 설정하여 글을 써본다. 예를 들어, "만약 내가 오늘 다른 선택을 했다면?", "만약 10년 후의 내가 지금의 나에게 조언한다면?" 등의 가정을 통해 새로운 시각으로 자신의 삶을 바라볼 수 있다. 이를 통해 현재의 선택과 감정을 더 깊이 이해하고, 나아가야 할 방향을 설정할 수 있다.

일기쓰기는 나는 나 자신을 이해하고 돌보는 법을 배운다. 그러니 오늘부터 한 줄이라도, 조금 더 깊이 있는 일기를 써보자. 아직도 일기를 쓰기가 망설여진다면 "왜 아직도 안 쓰고 있니?" 이유를 물어보자.

- **일정 시간 배정으로 루틴화 하기**

　바쁜 일상이다. 따라서 일정한 시간 또는 장소를 정해서 루틴화 하는 것이 글쓰기 최적이다. 좋아하는 펜이나 문구류를 소지하는 것도 한 방법이다. 다만, 숙제처럼 해서는 안된다. 유연하게 일기쓰기 환경을 만들자. 필요에 따라서는 강압적인 분위기를 만드는 것도 한 방법이다. 공유일기를 쓰거나 일부 내용을 공개하는 방식이다. 무엇을 결정해도 좋다. 꾸준히 쓸 수 있는 환경을 만들어라.

02. 행복과 불행, 둘 다 내 삶의 일부

완벽한 행복도, 완벽한 불행도 없는 나의 이야기

행복은 영원하지 않으며 불행도 마찬가지이다. 우리는 인생에서 크고 작은 기쁨을 경험하지만, 때때로 깊은 슬픔이나 실패도 마주한다. 그러나 중요한 것은 행복과 불행을 분리하여 바라보는 것이 아니라, 그 둘을 함께 품으며 살아가는 태도이다.

어릴 적에는 "행복한 삶"이란 늘 웃음이 가득하고, 문제없는 삶이라고 생각했다. 하지만 시간이 지나면서 깨닫게 된 것은, 행복은 순간이고 불행도 순간이라는 점이다. 인생은 끝없는 파도처럼 변화하며, 우리는 그 속에서 균형을 맞추며 살아간다.

한때 직장에서 큰 실패를 경험했던 적이 있다. 프로젝트가 예상대로 진행되지 않았고, 좌절감과 불안감에 휩싸였다. 하지만 시간이 지나고 돌이켜보니, 그때의 경험 덕분에 나는 더 나은 해결책을 찾을 수 있었고, 그 과정에서 성장을 경험했다. 결국, 불행이라 여겼던 순간이 새로운 기회를 여는 계기가 되었다. 삶은 완벽한 행복도, 완벽한 불행도 없이 계속해서 흘러간다.

어느 한쪽에 치우치지 않는 중도

- **좌우대칭의 안정성 균형의 힘**

　행복을 무작정 추구하는 것만큼이나 불행을 완전히 회피하려는 태도도 위험하다. 행복을 키우는 것과 동시에 불행을 견딜 수 있는 내면의 힘을 기르는 것이 중요하다. 이는 균형 잡힌 삶을 위한 필수적인 태도이다. 일기를 쓰다 보면, 우리는 삶을 더 객관적으로 바라볼 수 있다. 기쁜 순간에는 그 순간을 마음껏 즐기되, 너무 오래 집착하지 않도록 하고, 힘든 순간에는 감정을 있는 그대로 받아들이며 지나갈 시간을 믿는다. 이러한 중도의 태도는 우리를 더 단단하게 만든다.

　우리는 간혹 삶을 흑백처럼 바라본다. 행복하면 좋고, 불행하면 나쁘다는 단순한 논리로 말이다. 그러나 일기를 통해 내 감정을 기록하는 것을 배운다면 행복과 불행이 분리된 것이 아니라 서로 얽혀 있다는 점을 알 수 있다. 힘든 날이 있기에 평범한 날이 더욱 소중해지고 작은 기쁨이 더욱 큰 행복으로 확장된다. 중요한 것은 감정의 흐름 속에서 균형을 유지하며, 한쪽으로 치우치지 않는 것이다.

힘든 날을 이겨내고, 평범한 하루를 특별하게 만드는 힘

✐ 나 자신과 대화하는 도구, 일기

일기는 단순한 넋두리도 자랑도 아니다. 삶을 더 깊이 이해하고 받아들이는 과정이다. 우리는 일기를 통해 힘든 날을 견디는 방법을 배우고, 평범한 하루 속에서도 특별한 의미를 찾을 수 있다. 하루를 돌아보며 "오늘은 별일 없었네"라고 생각할 때가 많다. 하지만 그날 있었던 작은 순간들을 떠올려보면, 분명 특별한 감정이 스며든 순간이 있다. 친구와 나눈 짧은 대화, 따뜻한 차 한 잔, 길가에서 본 아름다운 하늘. 이처럼 평범한 일상에서 발견하는 소소한 행복이야말로 우리를 지탱하는 힘이 된다.

삶을 이끈다는 것은 거창한 목표를 세우고 이뤄가는 것이 아니다. 오히려 지금의 순간을 온전히 살아내며, 행복과 불행을 있는 그대로 받아들이는 것이다. 일기를 통해 우리는 지나간 날을 반추하며, 오늘을 더 의미 있게 만들 수 있다. 매일의 기록이 쌓여 결국 우리의 삶이 된다.

행복을 위해 무조건 달려가지 않아도 된다. 불행을 피하려 애쓰지 않아도 된다.

그저 있는 그대로를 기록하고, 받아들이고, 균형을 맞추는 것.

그것이야말로 우리 삶을 디자인하는 가장 강력한 방법이다.

🖉 일기, 평생의 지지자

　필자 또한 때때로 일기장을 펼쳐 본다. 오래된 글자들이 빛바랜 종이에 스며들어, 잊혀진 시간 속 나에게 말을 걸어 온다. 그날의 고민, 소소한 기쁨, 지친 마음까지도 고스란히 담겨 있다. 그리고 깨닫게 된다. 일기장은 단순한 종이가 아니라, 내 인생의 가장 친한 친구이며 언제나 나를 따뜻하게 품어주는 동반자라는 것을 알게 한다.

- **일기는 나를 가장 잘 아는 친구**

　어떤 날은 너무 힘들어서 누군가에게 위로받고 싶었지만, 말로 표현하기 어려울 때가 있다. 사람들에게 기대려 해도, 그 순간 진짜 바라는 말을 듣기는 어렵다. 그러나 일기장은 언제나 내 편이다.

　조용히 나의 말들을 받아주고, 아무런 비난 없이 들어주었다. 자신도 미처 몰랐던 내 감정을 발견하게 해주었고, 무엇이 나를 아프게 했고, 또 무엇이 나를 웃게 했는지 일기장을 통해 알게 되었다.

　가끔 오래된 일기를 다시 읽으면, 마치 지난날의 내가 지금의 나에게 조언을 건네듯 말을 건다.

　"이때 참 힘들었지, 하지만 잘 이겨냈어. 그리고 결국 이 순간까지 왔구나."

일기는 나를 가장 잘 아는 친구로서, 언제나 그 자리에서 묵묵히 기다려 준다.

- **일기는 내 삶의 첫 번째 독자**

  우리는 누구나 자신의 이야기를 들어줄 누군가를 원한다. 하지만 모든 이야기를 타인에게 털어놓을 수는 없다. 부끄러운 실수, 속 깊은 고민, 말로 하기 어려운 감정들까지. 그런 것들은 오롯이 나만의 공간에 남겨두고 싶을 때가 있다.

  일기는 나의 기쁨과 슬픔, 좌절과 희망을 가장 먼저 읽어주는 존재다. 때로는 일기장에 말을 거는 기분이 들기도 한다.

  "오늘은 이런 일이 있었어. 참 어이없었지?"
  시간이 지나 다시 읽을 때면, 자연스럽게 미소가 지어진다.
  "그때는 그렇게 힘들었지만, 지금은 웃으며 떠올릴 수 있네."

  일기는 내 이야기를 가장 먼저 읽어주고, 가장 조용히 공감해 준다.

- **일기는 평생의 동반자**

  우리는 많은 사람을 만나고, 다양한 관계 속에서 살아간다. 하지만 시간이 흐르면 수많은 인연이 스쳐 지나간다. 그러나 일기장은 다르다. 언제든 내가 원할 때 다시 만날 수 있는 존재다.

  과거의 나는 어떤 꿈을 꾸었는지, 무엇에 가슴이 뛰었는지, 어떤 순간에 눈물을 흘렸는지. 일기장은 하나도 빠짐없이 기억하고 있다. 그리고 시간이 흘러 내가 나를 잊어갈 때, 다시금 나를 마주하게 해준다. 어린 시절의 나, 방황하던 나, 도전하던 나, 그리고 지금의 나까지. 일기장은 내 삶을 온전히 담아내는 평생의 동반자이다.

그래서 오늘도 일기장을 펼친다. 거창한 문장이 아니어도, 단 한 줄이라도 적어본다.

"오늘도 수고했어."
"이 순간을 기억하고 싶어."

그렇게 하루를 기록하는 순간, 내 삶의 한 조각이 소중히 보관된다. 일기장은 나의 가장 가까운 지지자이며, 내 삶의 첫 독자이며, 평생 함께할 동반자이다. 그러니 오늘 지금, 지나왔던 시절에 썼던 일기장이 있다만 첫 장을 열어 보자

힘든 날도 특별했던 날도 소중한 나였음을 알게 된다.

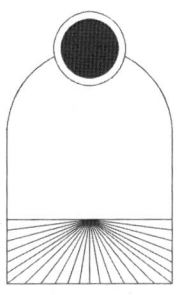

THE GROWN-UP'S DIARY

| 에필로그 |

삶을 이끄는 힘은 결국 나 자신에게서 시작됩니다.
매일 펜을 들어 일기를 쓰는 작은 습관은 더 나은 삶을 위한 디딤돌이 되어 우리를 성장시키죠.

'성공은 자기 이해로부터 시작된다'라는 말처럼 일기는 생각과 감정을 솔직하게 마주하게 해주는 평생의 동반자입니다.
그래서 어른의 일기장이 필요합니다.

우리가 적어 내려간 모든 순간은 <u>스스로를</u> 정의하는 발자취가 됩니다.

행복과 불행은 누구에게나 공존하며, 힘든 하루 역시 언젠가 평범한 하루를 특별하게 만들어줄 원동력이 되겠지요.

그 과정을 통과하며 우리는 비로소,
'삶을 이끄는 건 바로 나'라는 단순하지만, 강력한 진실을 깨닫게 됩니다.

마지막 어른의 일기장을 덮는 이 순간,
당신이 어떤 상황에 있든 결코 흔들리지 말고 앞으로 나아가길 바랍니다.

스스로를 믿고, 오늘을 기록하며, 내일을 기대하세요.
당신의 모든 날을 향한 응원의 마음을 이 일기장에 담아 보냅니다.

당신이 써 내려갈 다음 페이지는 분명
좀 더 단단해진 당신만의 빛나는 이야기가 될 것입니다.

끝으로 지필 기간 응원과 사랑을 보내준 가족에게 감사의 마음을 전합니다.

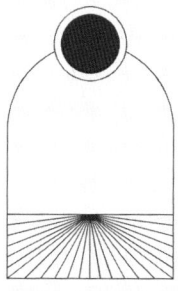

THE GROWN-UP'S DIARY

참고문헌

- 권선중, 김교헌, 이홍석. (2006). 한국판 감사 성향 척도 (K-GQ-6)의 신뢰도 및 타당도. 한국심리학회지: 건강, 11(1), 177-19012.
- 김미경. (2018). 감사일기 쓰기가 행복감 증진에 미치는 효과에 관한 고찰. 석사학위논문, 대구교육대학교 교육대학원.
- 박상미. (2020). 우울한 마음도 습관입니다. 서울: 출판사명.
- 박민수, 최지연. (2024). 마음챙김명상 체험이 대학생의 자기연민에 미치는 영향. 한국명상학회지, 14(2), 45-60.
- 배르, R. A. (2003). Mindfulness training as a clinical intervention: A conceptual and empirical review.
- 브라운, K. W., & 라이언, R. M. (2003). The benefits of being present: Mindfulness and its role in psychological well-being.
- 샹베르, R., 로, B. C. Y., & 앨런, N. B. (2008). The impact of intensive mindfulness training on attentional control, cognitive style, and affect.
- 세리그만, M. E. P., 스틴, T. A., 박, N., & 피터슨, C. (2005). Positive Psychology Progress: Empirical Validation of Interventions. American Psychologist, 60(5), 410-421.
- 이권옥 (2018). 감사일기가 초등학생의 학교생활만족도에 미치는 효과에 관한 고찰. 석사학위논문, 대구교육대학교 교육대학원.
- 이수진, 김아영. (2017). 감사일기 활동이 일 대학생들의

행복감 및 감사성향에 미치는 효과. 한국심리학회지: 상담 및 심리치료, 29(2), 375-395.
- 장예진, 윤석민. (2024). 마음챙김과 자기연민에 근거한 청소년 5분 명상프로그램 개발 및 효과성 검증. 학습자중심교과교육연구, 24(15), 475-493.
- 정종진. (2019). 온라인 감사 일기(gratitude journal)가 심리지표에 끼치는 영향 및 텍스트 분석. 한국콘텐츠학회논문지, 19(12), 39-68.
- 정희진, 강성민. (2018). 마음챙김 자기연민(Mindful Self Compassion) 프로그램이 행복에 미치는 영향. 한국심리학회지: 건강, 29(4), 789-805.
- 제임스 클리어. (2018). Atomic Habits: An Easy & Proven Way to Build Good Habits & Break Bad Ones, Penguin Random House.
- 찰스 두히그. (2012). The Power of Habit: Why We Do What We Do in Life and Business, Random House.
- 커우리, B., 르콩트, T., 포르틴, G., 마세, M., 테리엔, P., 부샤르, V., ... & 호프만, S. G. (2013). Mindfulness-based therapy: A comprehensive meta-analysis.
- 트버스키, A., & 카너먼, D. (1974). Judgment under uncertainty: Heuristics and biases. Science, 185(4157), 1124-1131.
- 페네베이커, J. W. (1997). Writing about emotional experiences as a therapeutic process. Psychological Science, 8(3), 162-166.
- 프레드릭슨, B. L. (2001). The role of positive emotions in positive psychology: The

- broaden-and-build theory of positive emotions. American Psychologist, 56(3), 218-226.
- 하트매스 연구센터. (2004). The Appreciative Heart: The Psychophysiology of Positive Emotions and Optimal Functioning.
- Why self-compassion, not self-esteem, leads to success. (2021). Retrieved from BBC Worklife.
- Emmons, R. A., & McCullough, M. E. (2003). Counting blessings versus burdens: An experimental investigation of gratitude and subjective well-being in daily life. Journal of Personality and Social Psychology, 84(2), 377-389.
- Gross, J. J. (1998). The emerging field of emotion regulation: An integrative review. Review of General Psychology, 2(3), 271-299.
- McCraty, R., & Childre, D. (2004). The Appreciative Heart: The Psychophysiology of Positive Emotions and Optimal Functioning. HeartMath Research Center.
- McCullough, M. E., Emmons, R. A., & Tsang, J. A. (2001). The grateful disposition: A conceptual and empirical topography. Journal of Personality and Social Psychology, 82(1), 112-127.
- McCullough, M. E., Kilpatrick, S. D., Emmons, R. A., & Larson, D. B. (2001). Is gratitude a moral affect? Psychological Bulletin, 127(2), 249-266.
- Neff, K., & Germer, C. (2022). The role of self-compassion in psychotherapy. World Psychiatry, 21(1), 58-59.

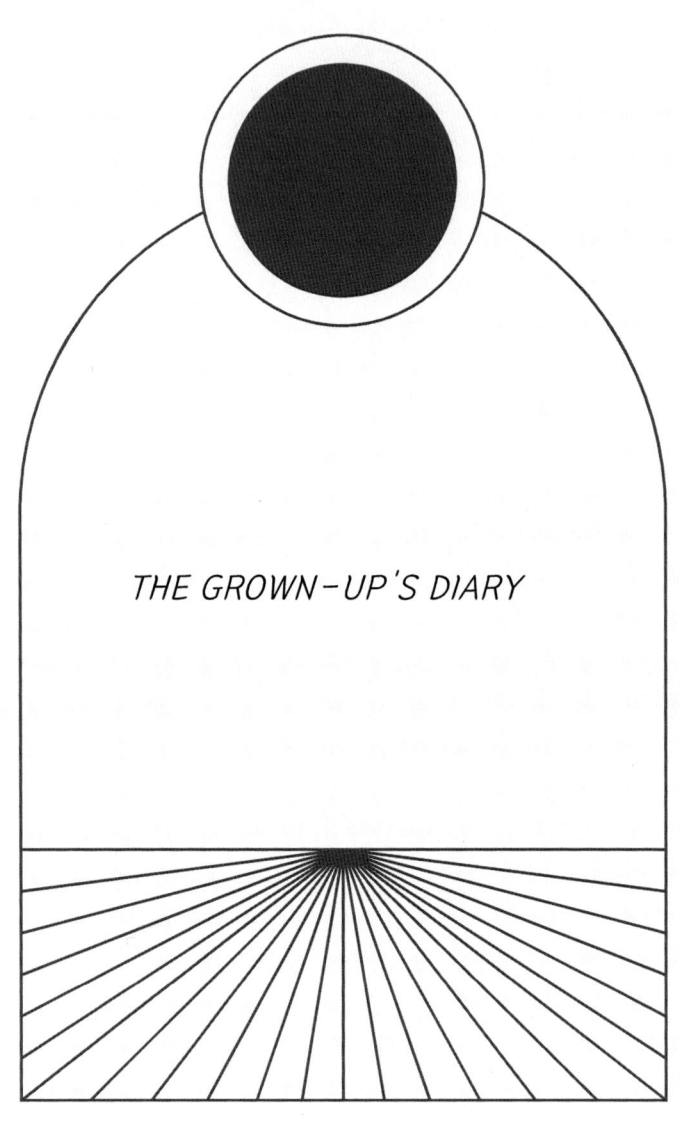

THE GROWN-UP'S DIARY

어른의 일기장

발 행 | 2025.05.23
저 자 | 노이레 지음
펴낸곳 | 위메이크북
가 격 | 14,000원
i s b n | 979-11-94781-05-9

본 책은 저작자의 지적 재산으로서 무단 전재와 복제를 금합니다.